Published in 2006 by D. C. Thomson & Co., Ltd., in conjunction with Aurum Press Ltd.

D. C. Thomson & Co., Ltd.,
Albert Square,
Dundee,
DD1 9QJ.

Aurum Press Ltd.,
25 Bedford Avenue,
London,
WC1B 3AT.

A CIP catalogue record for this book is available from the British Library.

ISBN-10   1 84513 214 9
ISBN-13   978 1 84513 214 9

Printed and bound in Great Britain
10 9 8 7 6 5 4 3 2 1

THE BROONS

D.C. THOMSON & CO. LTD.
LONDON · MANCHESTER · DUNDEE

A

MEET THE BROONS!

They live in Glebe Street, Number Ten,
But dinna knock—juist haud richt
  ben ;
For a' the fowk for miles roond ken
    The Broons !
Fower bairns, three weemen an' fower
men.
    The Broons !

Weel, first there's Maw, and she's a'
  richt!
She works at hame frae morn tae
nicht.
But while she toils her he'rt is licht.
    Maw Broon!
There's juist ae family in her sicht—
    The Broons!

Ilk mornin' o' his married days
Paw Broon has donned his working
  claes,
An' tae the shipyard turned his taes.
    Paw Broon!
That's whaur he gets bawbees tae raise
    The Broons!

Now meet the lads! Well, first there's
  Hen,
Who is so " awf'lly spick and spen!"
He's quite " pan-loaf," while Joe is
" plenn."
    Thae Broons!
But, toff and tough, they're real he-
  men—
    Thae Broons!

There's Horace next. He looks a Jess!
A lad o' pairts, though, nane the less.
And then twin laddies cam' tae bless
    The Broons!
A pair o' rogues aye in a mess—
    Thae Broons!

Now Daphne's got the kind o' face
Ca'd " sonsy "—but that's nae dis-
  grace,
For Daphne's he'rt's in the richt place.
    A Broon!
Forbye, there's Maggie's looks tae
grace
    The Broons!

An' then the Bairn we'll no' forget.
O' a' the family she's the pet.
An' Grandpaw, I've no' mentioned yet.
    A Broon!
That auld lad's ploys can whiles upset
    The Broons!

And so ye've met them yin by yin,
A happy bunch through thick and thin.
Blest in their hearts if no' wi' tin,
    The Broons!
For they're juist YOU and a' YOUR
  kin—
    The Broons!

PAW BROON

MAW BROON

MAGGIE BROON

HEN BROON

DAPHNE BROON

JOE BROON

HORACE BROON

THE BROON TWINS

THE BROON BAIRN

GRAN'PAW BROON

Poor Paw! There's Nae Peace But Or Ben.
He Takes The Lobby For His "Den."

Grandpaw's Forgetful, Though So Hearty;
He Clean Forgot His Birthday Party.

The Broons Fair Landed In A Fix,
When They Gaed Gaddin' Tae The "Flicks"!

Granpaw Is Eighty-Eight Years Young;
They'll Hae Him Shot, If He's No' Hung.

Ma Gets A Long Lie.

But She Doesn't Lie Long!

They're Back To Childhood's Happy Day.
You Should Hear What The Neighbours Say!

They Had A Grand Day At The Zoo;
But The Animals Came In Two By Two.

When Horace Tried A Fancy Lift,
The Furniture Began Tae Shift.

When To The Polish They Got Doon,
They Called Paw Robinson-Crusoe Broon.

When Up To London The Family Went,
The Broons Fair Made Their Presence Kent.

"L" Is For Learner, Who Doesn't Drive Well.
Grandpaw Shows He's Earned His "L."

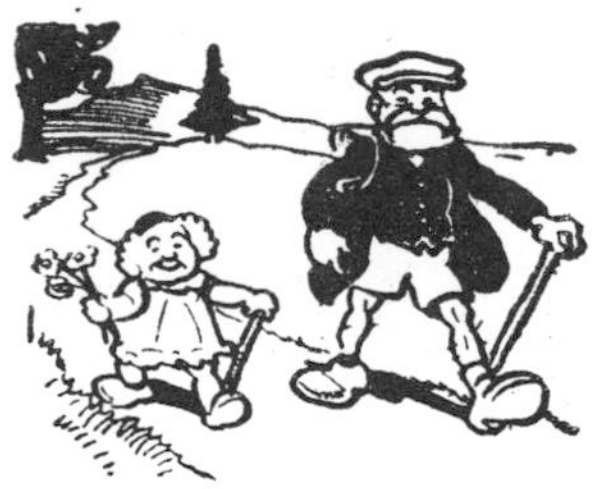

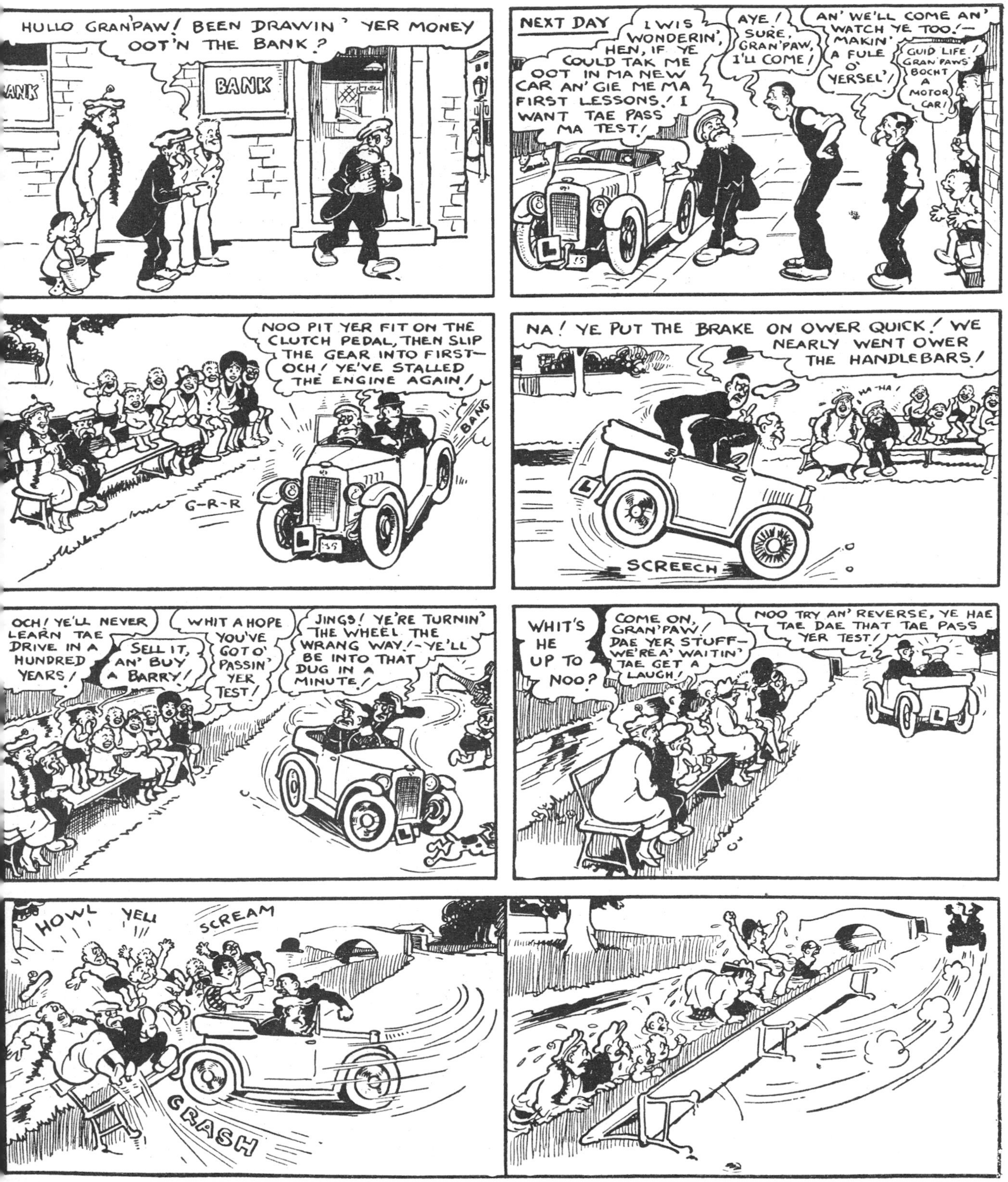

HULLO GRAN'PAW! BEEN DRAWIN' YER MONEY OOT'N THE BANK?
ANK
BANK
NEXT DAY
I WIS WONDERIN', HEN, IF YE COULD TAK ME OOT IN MA NEW CAR AN' GIE ME MA FIRST LESSONS! I WANT TAE PASS MA TEST!
AYE! SURE, GRAN'PAW, I'LL COME!
AN' WE'LL COME AN' WATCH YE TOO!—MAKIN' A FULE O' YERSEL'!
GUID LIFE! GRAN'PAW'S BOCHT A MOTOR CAR!
NOO PIT YER FIT ON THE CLUTCH PEDAL, THEN SLIP THE GEAR INTO FIRST—OCH! YE'VE STALLED THE ENGINE AGAIN!
BANG
G-R-R
NA! YE PUT THE BRAKE ON OWER QUICK! WE NEARLY WENT OWER THE HANDLEBARS!
HA-HA!
SCREECH
OCH! YE'LL NEVER LEARN TAE DRIVE IN A HUNDRED YEARS!
SELL IT, AN' BUY A BARRY!
WHIT A HOPE YOU'VE GOT O' PASSIN' YER TEST!
JINGS! YE'RE TURNIN' THE WHEEL THE WRANG WAY!—YE'LL BE INTO THAT DUG IN A MINUTE!
WHIT'S HE UP TO NOO?
COME ON, GRAN'PAW! DAE YER STUFF—WE'RE A' WAITIN' TAE GET A LAUGH!
NOO TRY AN' REVERSE, YE HAE TAE DAE THAT TAE PASS YER TEST!
HOWL
YELL
SCREAM
CRASH

Their Day In The Mine, They'll No' Forget;
Nor Will The Manager — You Can Bet!

The Broons Tried Jam To Make One Day.
Now They're A "Stuck-Up" Family!

Poor Paw! He's Gettin' Fairly Roastit;
His Coupon Was Richt.   But He Didna Post It.

The Broons Got A Pet, But Regret It.

Ye See They've Nae Place Tae Pet It!

B

When The Broons Wreck Grandpaw's Bike, Poor Old Grandpaw Has To Hike.

When The Broons Get A "Present,"
In "Future," They'll Remember The "Past."

When The Broons Have A Holiday "Draw,"
Everything Comes Out Right — Trust Paw!

Did Ye Ever See The Like?
Ilka Broon On A Fancy Bike!

Bairns Maun Keep Clean, You Bet,
Though Paw And Maw Get Very Wet!

Hen's Plus-Four Suit Was A Perfect Fit.
Now He Don't Know The Long Or Short Of It.

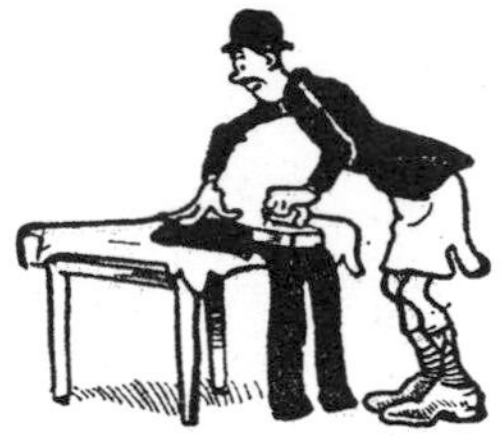

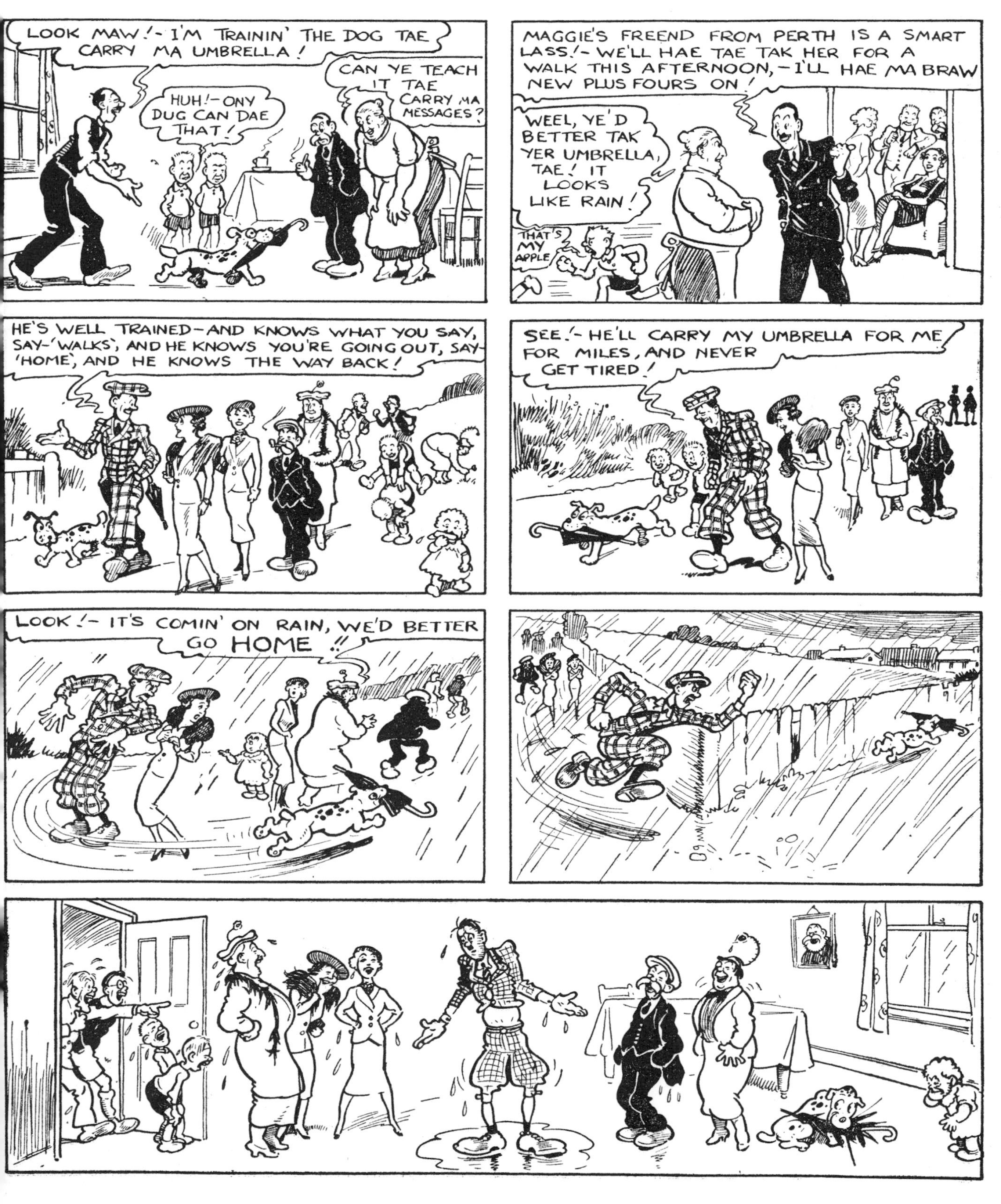

LOOK MAW!—I'M TRAININ' THE DOG TAE CARRY MA UMBRELLA!
HUH!—ONY DUG CAN DAE THAT!
CAN YE TEACH IT TAE CARRY MA MESSAGES?
MAGGIE'S FREEND FROM PERTH IS A SMART LASS!—WE'LL HAE TAE TAK HER FOR A WALK THIS AFTERNOON,—I'LL HAE MA BRAW NEW PLUS FOURS ON!
WEEL, YE'D BETTER TAK YER UMBRELLA, TAE! IT LOOKS LIKE RAIN!
THAT'S MY APPLE
HE'S WELL TRAINED—AND KNOWS WHAT YOU SAY, SAY—'WALKS', AND HE KNOWS YOU'RE GOING OUT, SAY—'HOME', AND HE KNOWS THE WAY BACK!
SEE!—HE'LL CARRY MY UMBRELLA FOR ME FOR MILES, AND NEVER GET TIRED!
LOOK!—IT'S COMIN' ON RAIN, WE'D BETTER GO HOME!!

Hen's Auto "Auto" Go —
But It Doesn't!

The Broons A' Get Red Faces Noo,
Whenever The Bairn Yells Out "Moo"!

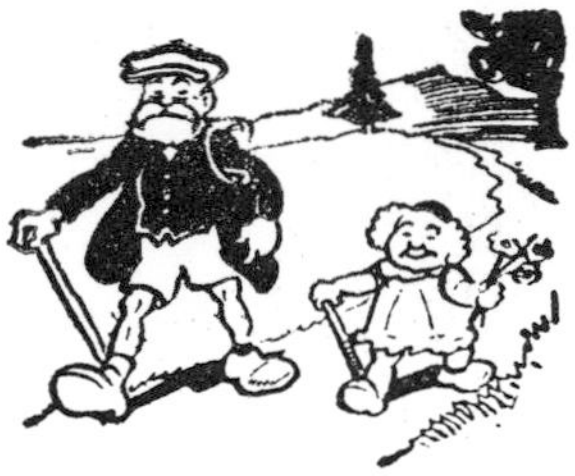

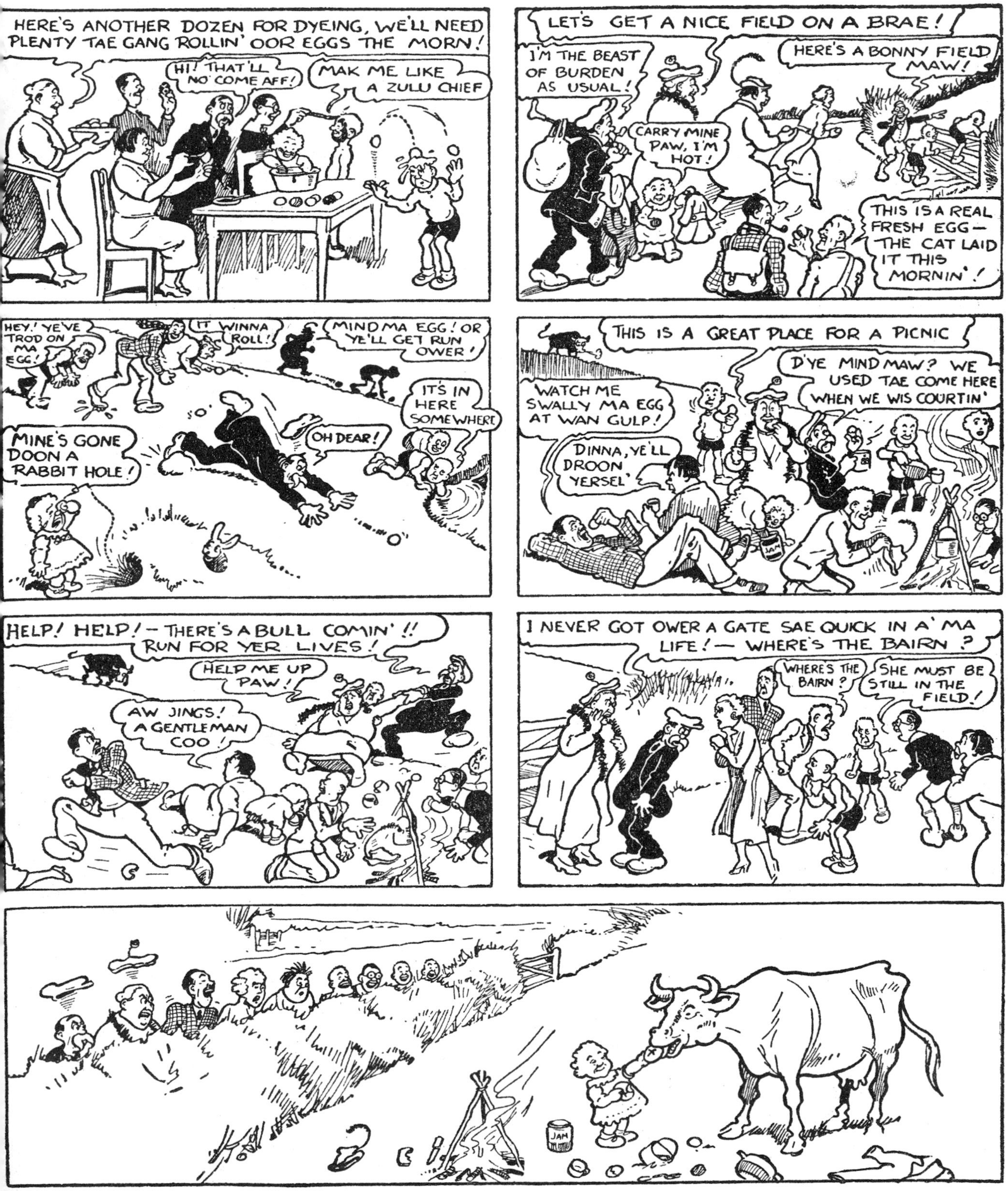

HERE'S ANOTHER DOZEN FOR DYEING, WE'LL NEED PLENTY TAE GANG ROLLIN' OOR EGGS THE MORN!
HI! THAT'LL NO' COME AFF!
MAK ME LIKE A ZULU CHIEF
LET'S GET A NICE FIELD ON A BRAE!
I'M THE BEAST OF BURDEN AS USUAL!
HERE'S A BONNY FIELD MAW!
CARRY MINE PAW, I'M HOT!
THIS IS A REAL FRESH EGG— THE CAT LAID IT THIS MORNIN'!
HEY! YE'VE TROD ON MA EGG!
IT WINNA ROLL!
MIND MA EGG! OR YE'LL GET RUN OWER!
IT'S IN HERE SOMEWHERE
MINE'S GONE DOON A RABBIT HOLE!
OH DEAR!
THIS IS A GREAT PLACE FOR A PICNIC
D'YE MIND MAW? WE USED TAE COME HERE WHEN WE WIS COURTIN'
WATCH ME SWALLY MA EGG AT WAN GULP!
DINNA, YE'LL DROON YERSEL'
JAM
HELP! HELP! — THERE'S A BULL COMIN'!! RUN FOR YER LIVES!
HELP ME UP PAW!
AW JINGS! A GENTLEMAN COO!
I NEVER GOT OWER A GATE SAE QUICK IN A' MA LIFE! — WHERE'S THE BAIRN?
WHERE'S THE BAIRN?
SHE MUST BE STILL IN THE FIELD!
JAM

He Came For A Sale,
But He Went With A Wail!

The Broons To See The New Hoose Came;

The Bairns A' Made Themselves At Hame.

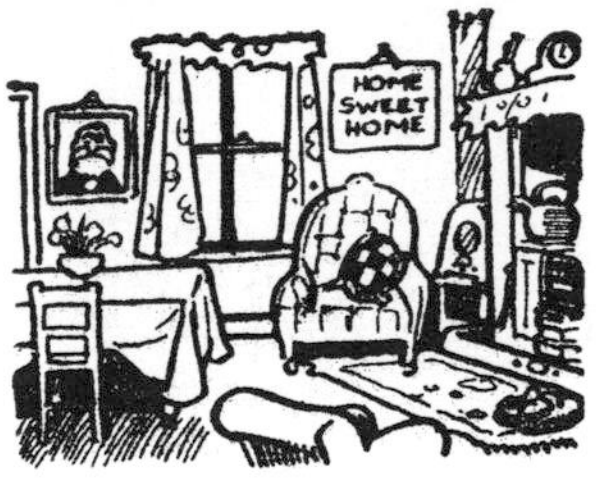
HOME SWEET HOME

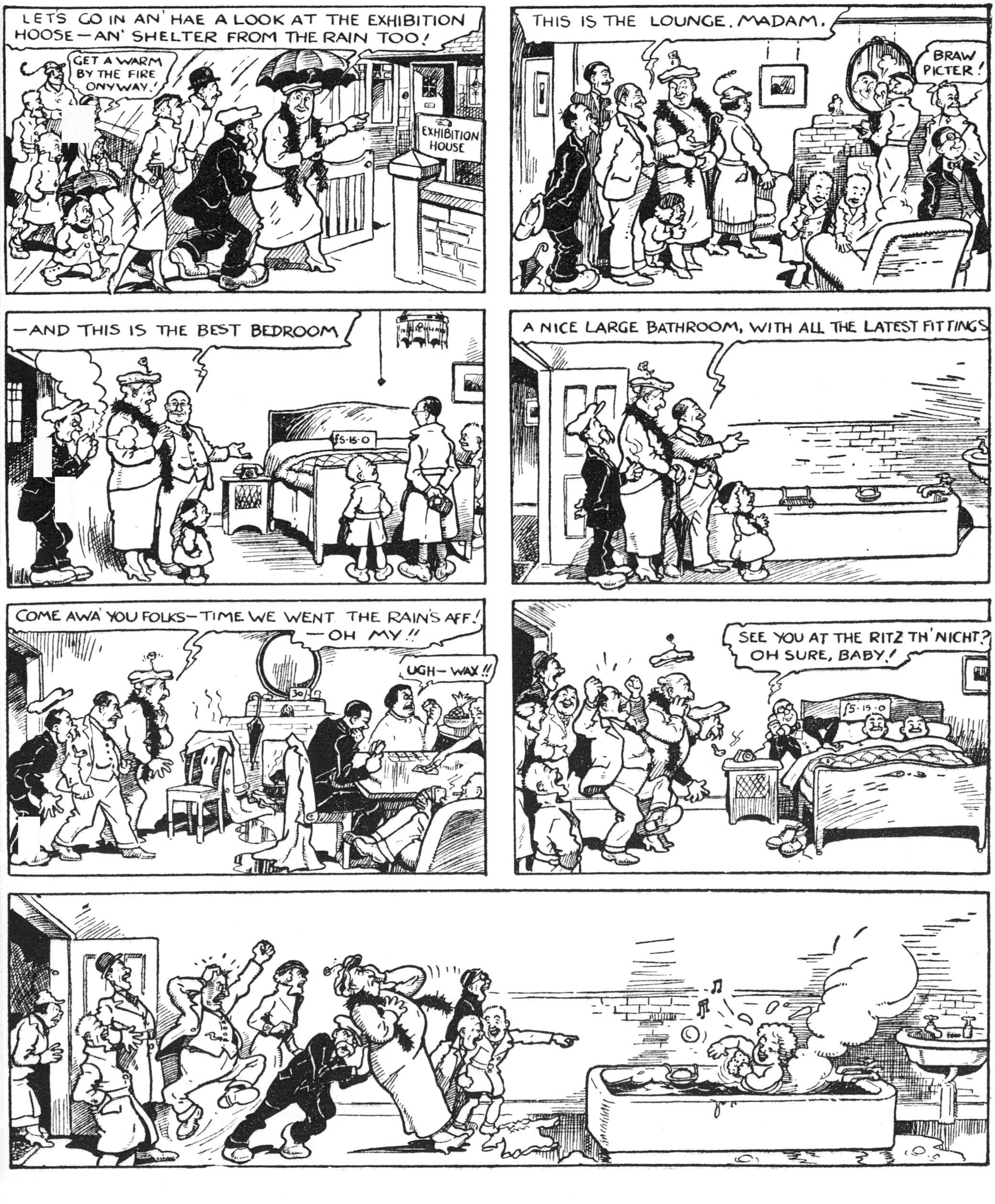
LET'S GO IN AN' HAE A LOOK AT THE EXHIBITION HOOSE—AN' SHELTER FROM THE RAIN TOO!
GET A WARM BY THE FIRE ONYWAY!
EXHIBITION HOUSE
THIS IS THE LOUNGE, MADAM.
BRAW PICTER!
—AND THIS IS THE BEST BEDROOM
£5-15-0
A NICE LARGE BATHROOM, WITH ALL THE LATEST FITTINGS
COME AWA' YOU FOLKS—TIME WE WENT. THE RAIN'S AFF! —OH MY!!
UGH—WAX!!
30/-
SEE YOU AT THE RITZ TH' NICHT? OH SURE, BABY!
£5-15-0

Poor Daphne Suffered From The Hiccup.
That Made Her New "Affair" A Stick-Up.

This Time The Bairn's The Very Ticket;

Smithy Got Stuck, And Could Not Stick It.

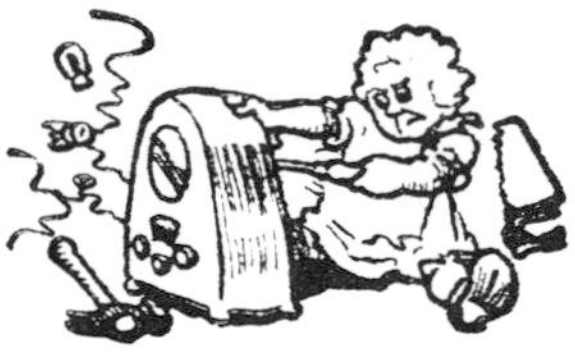

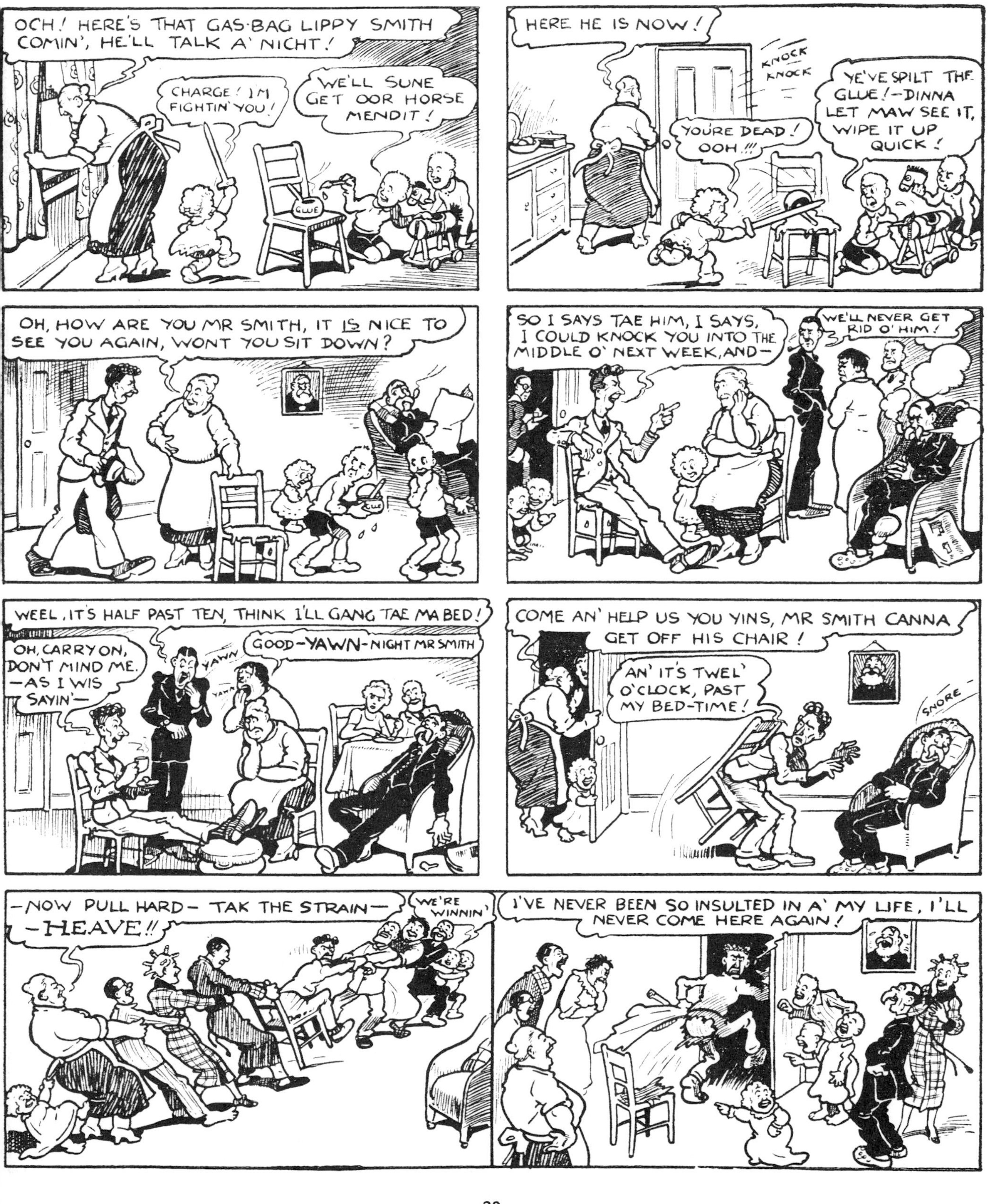
OCH! HERE'S THAT GAS-BAG LIPPY SMITH COMIN', HE'LL TALK A' NICHT!
CHARGE! I'M FIGHTIN' YOU!
WE'LL SUNE GET OOR HORSE MENDIT!
GLUE
HERE HE IS NOW!
KNOCK KNOCK
YOU'RE DEAD! OOH!!!
YE'VE SPILT THE GLUE!—DINNA LET MAW SEE IT, WIPE IT UP QUICK!
OH, HOW ARE YOU MR SMITH, IT IS NICE TO SEE YOU AGAIN, WONT YOU SIT DOWN?
GLUE
SO I SAYS TAE HIM, I SAYS, I COULD KNOCK YOU INTO THE MIDDLE O' NEXT WEEK, AND—
WE'LL NEVER GET RID O' HIM!
WEEL, IT'S HALF PAST TEN, THINK I'LL GANG TAE MA BED!
OH, CARRY ON, DON'T MIND ME. —AS I WIS SAYIN'—
YAWN
YAWN
GOOD-YAWN-NIGHT MR SMITH
COME AN' HELP US YOU YINS, MR SMITH CANNA GET OFF HIS CHAIR!
AN' IT'S TWEL' O'CLOCK, PAST MY BED-TIME!
SNORE
—NOW PULL HARD— TAK THE STRAIN— —HEAVE!!
WE'RE WINNIN'
I'VE NEVER BEEN SO INSULTED IN A' MY LIFE, I'LL NEVER COME HERE AGAIN!

No Peace, Maw, With "Pieces" To Find.

Just Give Them A "Piece" Of Your Mind.

30

Maw Spots The Spots—
But The Bairns Are Spotted !

The Broons Get The Creeps

At Raw Carrots And Neeps!

"The Wearin' O' The Breeks"—
But Paw's Duds Were Not Dud.

c

It's Very Hard To Get An Excuse

When You Break Into The Wrong Folks' Hoose

They Have A Proverb In The Toon—

" Save's Frae The Luck O' Poor Paw Broon!"

It Finished Daphne's Love Adventure,

When Paw Came Asking For His Denture.

When Paw Went For His Fishing Hike,
He Didna Mean To Use A "Bike."

Maw Won The Race—
But Paw Won The Prize.

Aunty Bella Came To Stay.

Maw Broon Said: " It's Been A Day!"

Don't Speak To Paw Of Hills, For Your
Remark Will "Get His Goat," I'm Sure.

"Up In The Mornin' Early, Boys!"
That Is The Song Paw Broon Enjoys.

Paw Thought He'd Put An End To That,
But His Bonnet Lands Him In The Hat!

They Practise Hard At P's And Q's, But They E's Off When The Minister Comes To T.

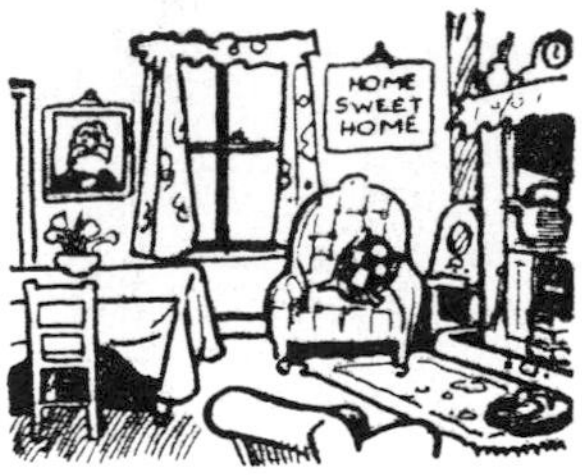
HOME SWEET HOME

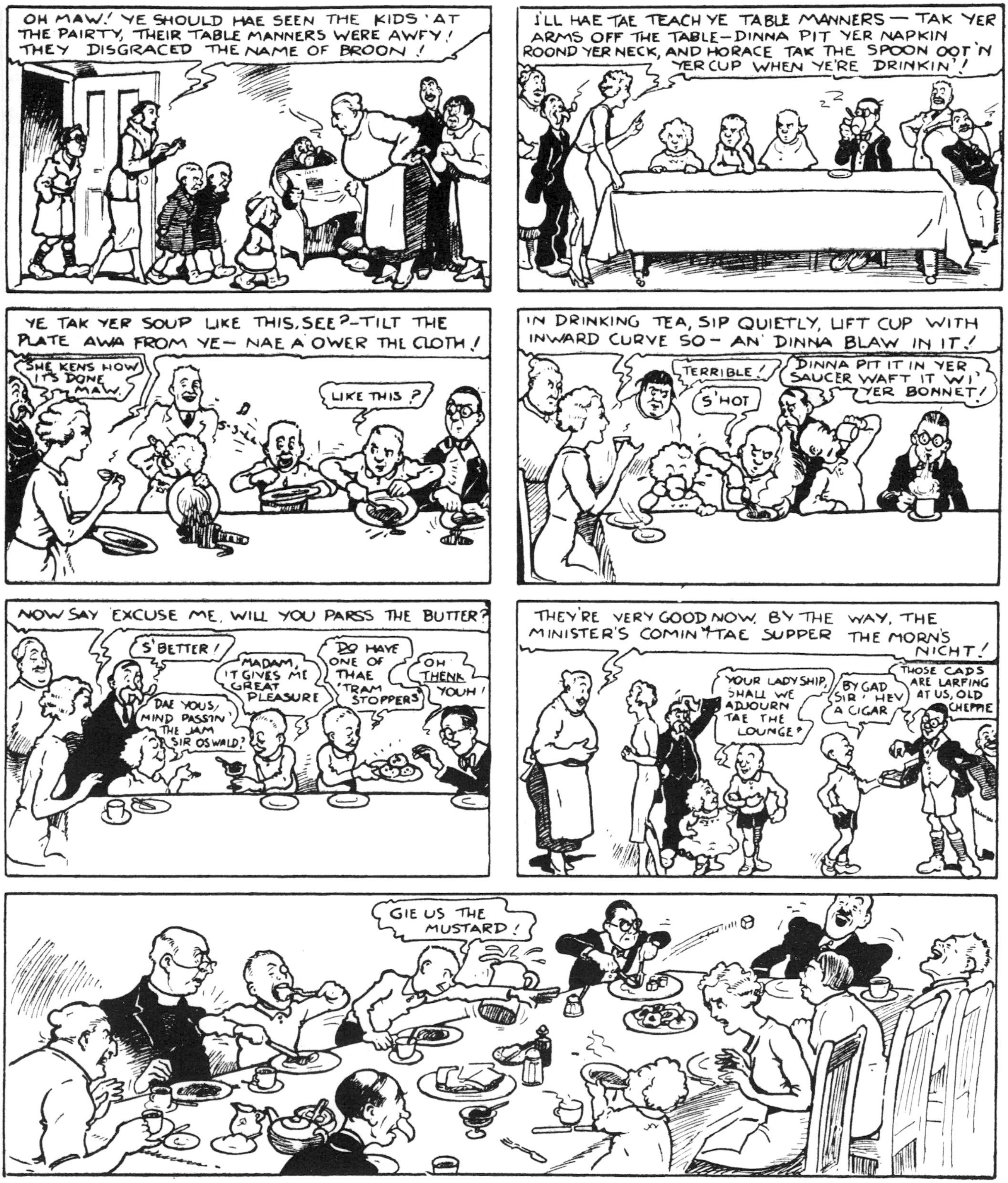
OH MAW! YE SHOULD HAE SEEN THE KIDS 'AT THE PAIRTY, THEIR TABLE MANNERS WERE AWFY! THEY DISGRACED THE NAME OF BROON!
I'LL HAE TAE TEACH YE TABLE MANNERS — TAK YER ARMS OFF THE TABLE—DINNA PIT YER NAPKIN ROOND YER NECK, AND HORACE TAK THE SPOON OOT 'N YER CUP WHEN YE'RE DRINKIN'!
YE TAK YER SOUP LIKE THIS, SEE?—TILT THE PLATE AWA FROM YE— NAE A' OWER THE CLOTH!
SHE KENS HOW IT'S DONE MAW.
LIKE THIS?
IN DRINKING TEA, SIP QUIETLY, LIFT CUP WITH INWARD CURVE SO— AN' DINNA BLAW IN IT!
TERRIBLE!
S'HOT
DINNA PIT IT IN YER SAUCER WAFT IT WI' YER BONNET!
NOW SAY 'EXCUSE ME, WILL YOU PARSS THE BUTTER?'
S'BETTER!
MADAM, IT GIVES ME GREAT PLEASURE
DAE YOUS MIND PASSIN' THE JAM SIR OSWALD?
DO HAVE ONE OF THAE 'TRAM STOPPERS'
OH THENK YOUH!
THEY'RE VERY GOOD NOW. BY THE WAY, THE MINISTER'S COMIN' TAE SUPPER THE MORN'S NICHT!
YOUR LADYSHIP, SHALL WE ADJOURN TAE THE LOUNGE?
BY GAD SIR, HEV A CIGAR
THOSE CADS ARE LARFING AT US, OLD CHEPPIE
GIE US THE MUSTARD!

When They Left The Coach That They'd Been Stayin' In,

Folks Asked The Broons—Were They "In Trainin'" ?

Hen And Joe Thought They'd Got A Couple Of "Clicks,"

Now They're After The Twins To Give Them Their Licks.

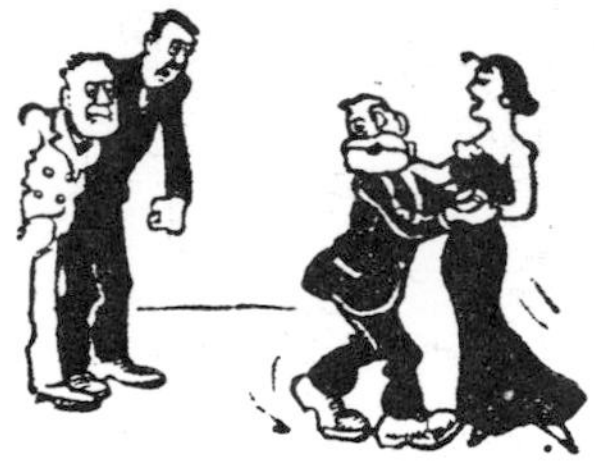

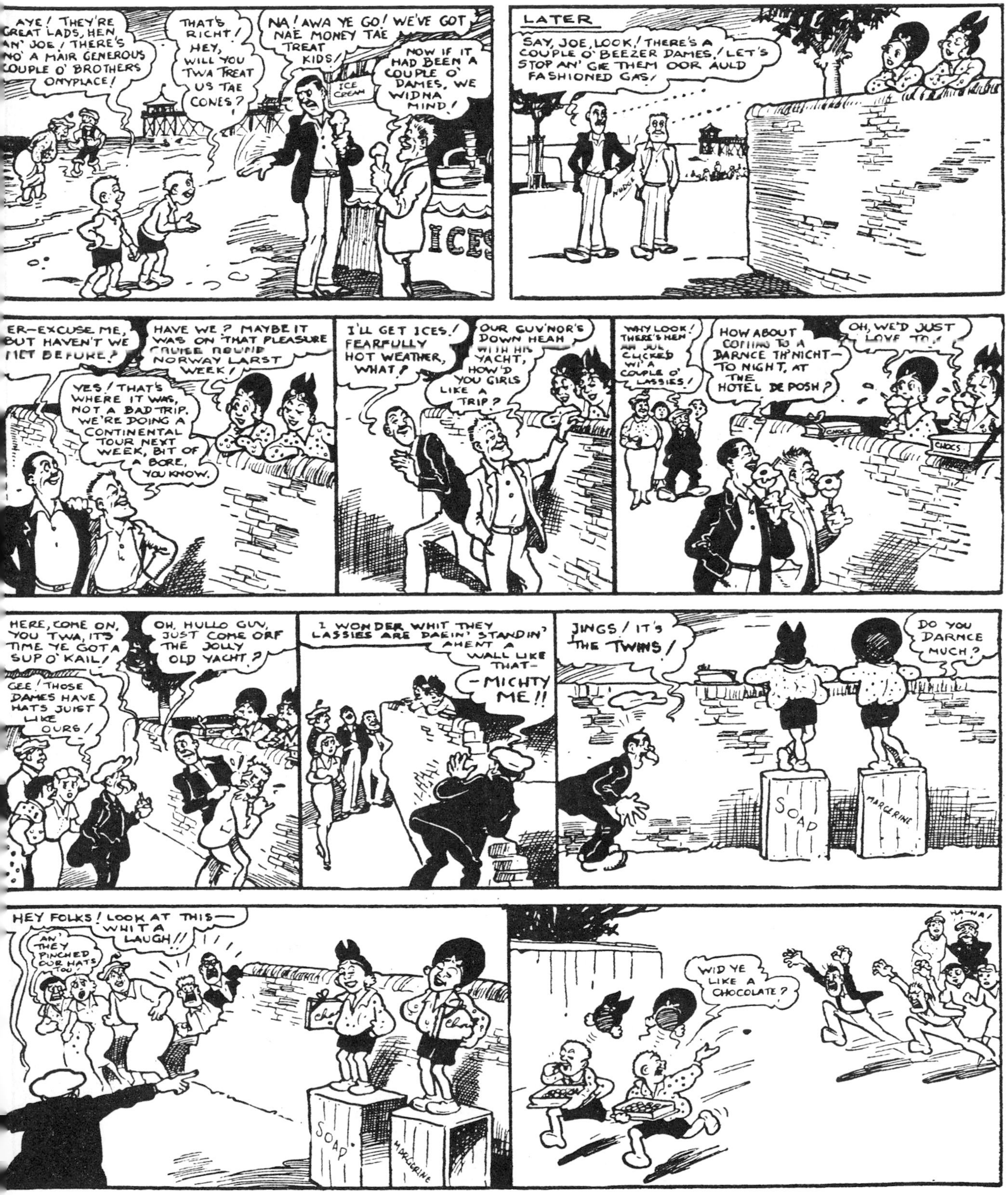

AYE! THEY'RE GREAT LADS, HEN AN' JOE! THERE'S NO' A MAIR GENEROUS COUPLE O' BROTHERS ONYPLACE!
THAT'S RICHT! HEY, WILL YOU TWA TREAT US TAE CONES?
NA! AWA YE GO! WE'VE GOT NAE MONEY TAE TREAT KIDS!
NOW IF IT HAD BEEN A COUPLE O' DAMES, WE WIDNA MIND!
ICE CREAM
ICES
LATER
SAY, JOE, LOOK! THERE'S A COUPLE O' BEEZER DAMES! LET'S STOP AN' GIE THEM OOR AULD FASHIONED GAS!
NUDGE
ER—EXCUSE ME, BUT HAVEN'T WE MET BEFORE?
HAVE WE? MAYBE IT WAS ON THAT PLEASURE CRUISE ROUND NORWAY LARST WEEK!
YES! THAT'S WHERE IT WAS, NOT A BAD TRIP. WE'RE DOING A CONTINENTAL TOUR NEXT WEEK, BIT OF A BORE, YOU KNOW.
I'LL GET ICES! FEARFULLY HOT WEATHER, WHAT?
OUR GUV'NOR'S DOWN HEAH WITH HIS YACHT, HOW'D YOU GIRLS LIKE A TRIP?
WHY LOOK! THERE'S HEN AN' JOE CLICKED WI' A COUPLE O' LASSIES!
HOW ABOUT COMING TO A DARNCE TH'NICHT—TO NIGHT, AT THE HOTEL DE POSH?
OH, WE'D JUST LOVE TO!
CHOCS
CHOCS
HERE, COME ON, YOU TWA, IT'S TIME YE GOT A SUP O' KAIL!
OH, HULLO GUV, JUST COME ORF THE JOLLY OLD YACHT?
GEE! THOSE DAMES HAVE HATS JUIST LIKE OURS!
I WONDER WHIT THEY LASSIES ARE DAEIN' STANDIN' AHENT A WALL LIKE THAT—
—MICHTY ME!!
JINGS! IT'S THE TWINS!
DO YOU DARNCE MUCH?
SOAP
MARGERINE
HEY FOLKS! LOOK AT THIS—WHIT A LAUGH!!
AN' THEY PINCHED OUR HATS TOO!
SOAP
MARGERINE
HA-HA!
WID YE LIKE A CHOCOLATE?

Maw Hid His Pipe To Stop Paw Smoking.
Paw's New Pipe Set The Family Choking.

Keep The Home Fires Burning!
But The Kippers Needed Turning.

The Loudest, Strongest Best Loud-Speaker

Beside The Broons Is Just A Squeaker.

The Bairn Knew Just What She Meant
When She Filled The B.P. With Cement.

D

Paw Broon Buys A Cap—
And The Broon Family Have A " Try-On."

Paw Broon Lays The Lino—
And The Broon Family Is " Floored."

The Broons Go All "Kelvinside,"
Till Uncle Spills The Beans.

"What Is Home Without A Mother?"
You'd Better Ask The Broons Another!

Polishing Day At The Broons'—

And Paw Is Nearly Polished Off!

COME ON PAW! SHIFT SO'S I CAN GET THE FLOOR WASHED, IF YE'RE NO' TAE HELP, YE NEEDNA BE A HINDER!

MAYBE I'LL GET PEACE IN MA BED. I MUST GET MA STORY IN THE PAPER READ — HEY! WHIT ARE YOU DAEIN'?

GET AFF THE BED PAW! — I'M TAE CHANGE THE SHEET AN' YE CAN GET OOT'N HERE — UNLESS YE'RE TAE HELP!

HULLO PAW, WHIT ARE YE DAEIN' IN THE BATH? YE'D BETTER GET OOT BECAUSE I'M GOIN' TAE GIE IT A COAT O' ENAMEL! — WHIT ABOOT HELPIN'?

WHAT!

THESE WOMEN A' OWER THE HOOSE ARE A PLAGUE! — PUIR ME — JUIST DRIVEN FROM HAME — NOTHIN' ELSE BUT WOMEN! — WELL, I'LL GANG OOT AN' NEVER COME BACK!! THEN THEY'LL BE SORRY!!

I'M JUIST BATTERED ABOOT FROM PILLAR TAE POST! — WELL I'LL SIT ON THIS SEAT! — THEY CANNA GET ME HERE ONYWAY, — WI' THEIR CLEANIN' AN' A' THING!!

HULLO BROON! SHIFT AFF THAT SEAT, WE'VE GOT TAE PENT IT!

A' THE OTHER SEATS ARE WEET!

A' RICHT! I GIVE IN. I'LL HELP!

A Burglar At The Broons!

Send For The "Polis"!

Paw Broon "Gets The Bird," And He's Frightened To "Budge."

Hen Gets Wilder The More He Seeks.
He's Got A Date—He's Lost His Breeks!

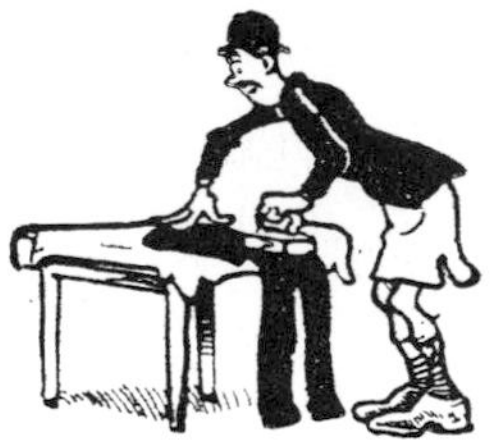

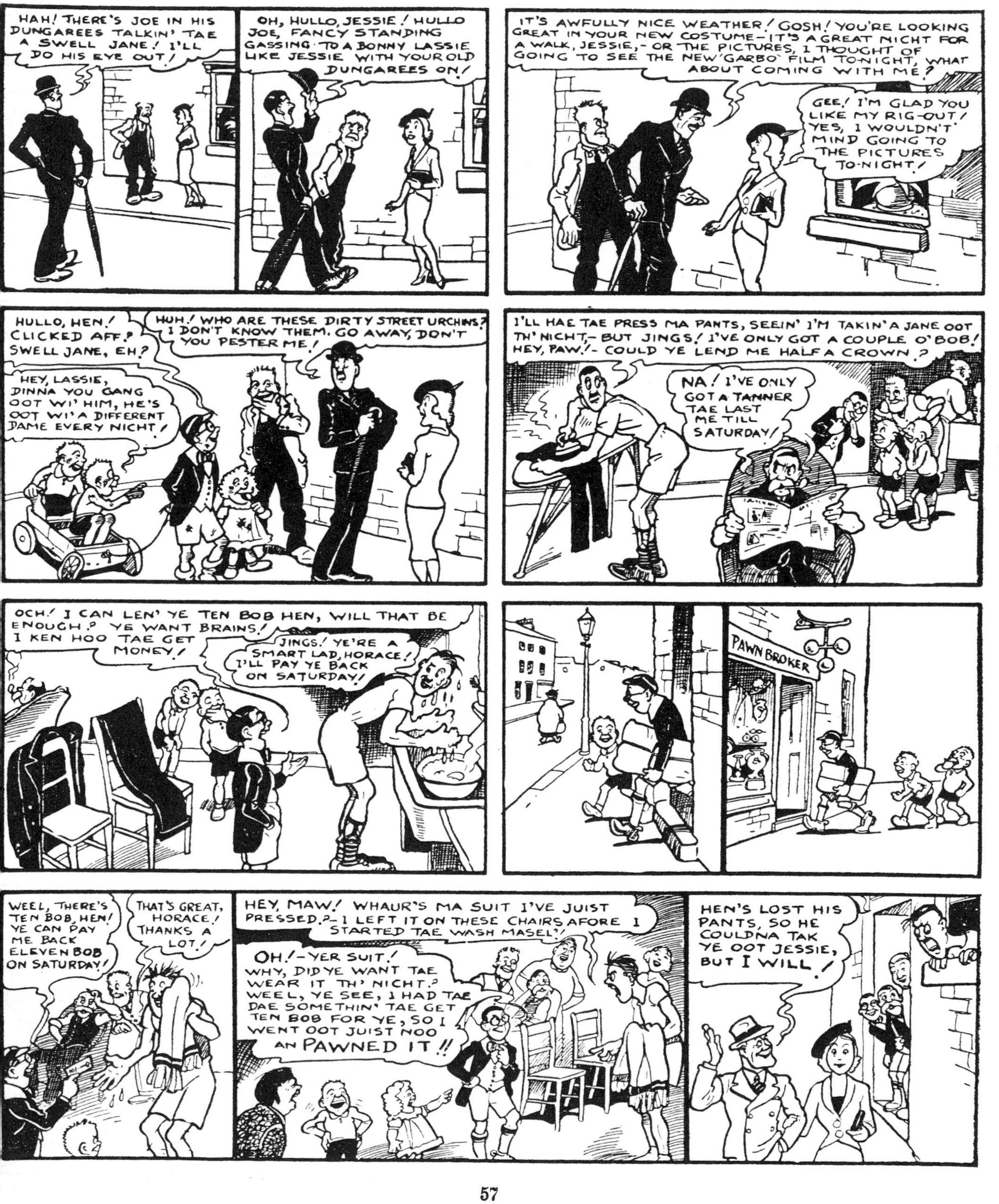

HAH! THERE'S JOE IN HIS DUNGAREES TALKIN' TAE A SWELL JANE! I'LL DO HIS EYE OUT!
OH, HULLO, JESSIE! HULLO JOE, FANCY STANDING GASSING TO A BONNY LASSIE LIKE JESSIE WITH YOUR OLD DUNGAREES ON!
IT'S AWFULLY NICE WEATHER! GOSH! YOU'RE LOOKING GREAT IN YOUR NEW COSTUME—IT'S A GREAT NICHT FOR A WALK, JESSIE,—OR THE PICTURES, I THOUGHT OF GOING TO SEE THE NEW 'GARBO' FILM TO-NIGHT, WHAT ABOUT COMING WITH ME?
GEE! I'M GLAD YOU LIKE MY RIG-OUT! YES, I WOULDN'T MIND GOING TO THE PICTURES TO-NIGHT!
HULLO, HEN! CLICKED AFF? SWELL JANE, EH?
HUH! WHO ARE THESE DIRTY STREET URCHINS? I DON'T KNOW THEM. GO AWAY, DON'T YOU PESTER ME!
HEY, LASSIE, DINNA YOU GANG OOT WI' HIM, HE'S OOT WI' A DIFFERENT DAME EVERY NICHT!
I'LL HAE TAE PRESS MA PANTS, SEEIN' I'M TAKIN' A JANE OOT TH' NICHT,—BUT JINGS! I'VE ONLY GOT A COUPLE O' BOB! HEY, PAW!—COULD YE LEND ME HALF A CROWN?
NA! I'VE ONLY GOT A TANNER TAE LAST ME TILL SATURDAY!
OCH! I CAN LEN' YE TEN BOB HEN, WILL THAT BE ENOUGH? YE WANT BRAINS! I KEN HOO TAE GET MONEY!
JINGS! YE'RE A SMART LAD, HORACE! I'LL PAY YE BACK ON SATURDAY!
PAWNBROKER
WEEL, THERE'S TEN BOB, HEN! YE CAN PAY ME BACK ELEVEN BOB ON SATURDAY!
THAT'S GREAT, HORACE! THANKS A LOT!
HEY, MAW! WHAUR'S MA SUIT I'VE JUIST PRESSED?—I LEFT IT ON THESE CHAIRS AFORE I STARTED TAE WASH MASEL'!
OH!—YER SUIT! WHY, DID YE WANT TAE WEAR IT TH' NICHT? WEEL, YE SEE, I HAD TAE DAE SOMETHIN' TAE GET TEN BOB FOR YE, SO I WENT OOT JUIST NOO AN PAWNED IT!!
HEN'S LOST HIS PANTS, SO HE COULDNA TAK YE OOT JESSIE, BUT I WILL!

Maggie Brought Her Lad To Tea.

He's Just One Of The Family.

Paw Broon's Coupon Wins A Packet—
But Maw Broon Spends It On A Jacket.

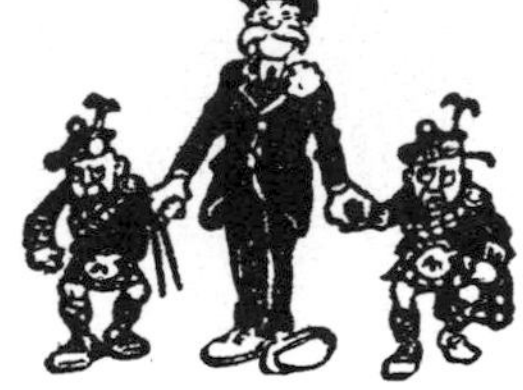

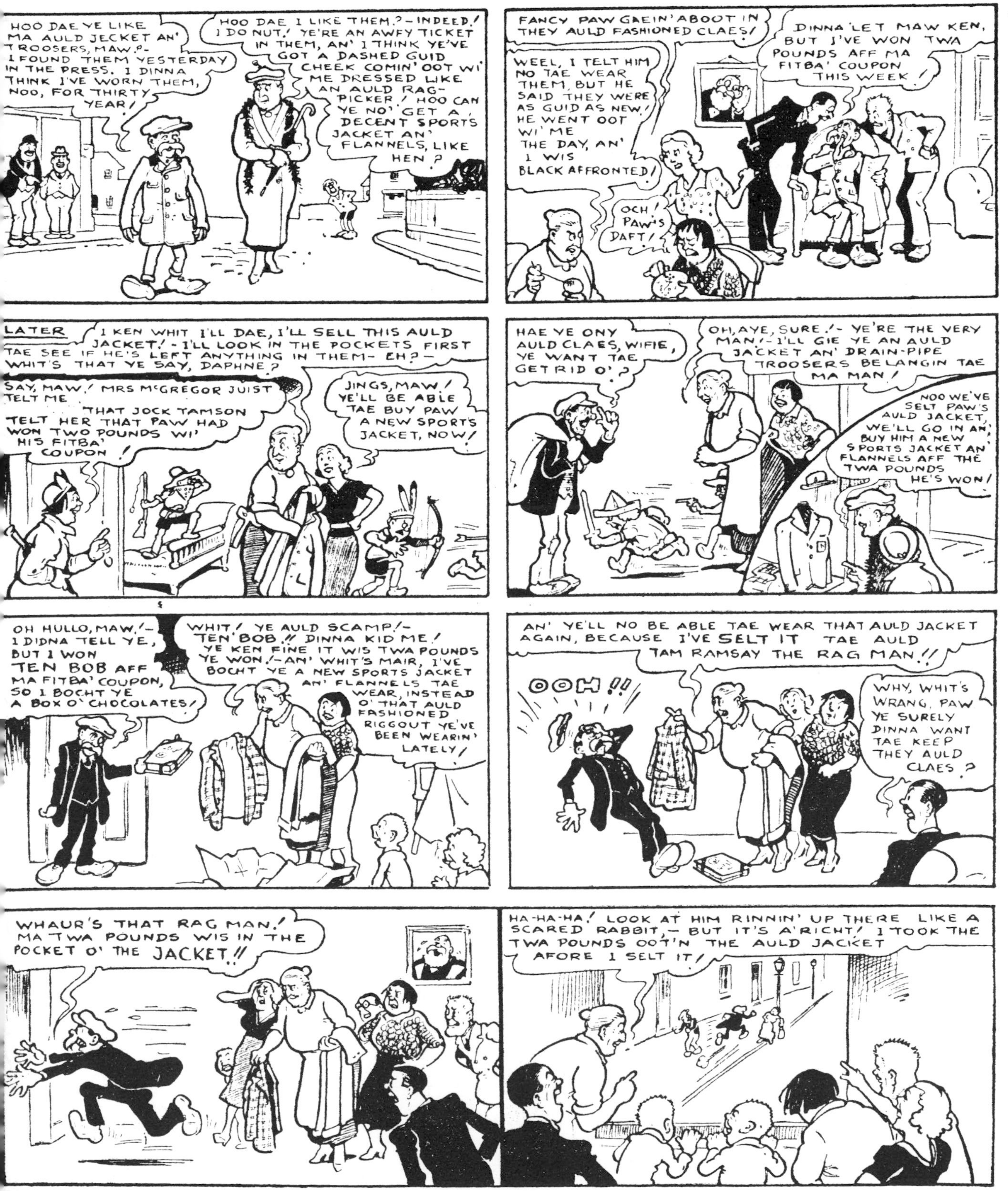

HOO DAE YE LIKE MA AULD JECKET AN' TROOSERS, MAW?- I FOUND THEM YESTERDAY IN THE PRESS. I DINNA THINK I'VE WORN THEM, NOO, FOR THIRTY YEAR!
HOO DAE I LIKE THEM?- INDEED! I DO NUT! YE'RE AN AWFY TICKET IN THEM, AN' I THINK YE'VE GOT A DASHED GUID CHEEK COMIN' OOT WI' ME DRESSED LIKE AN AULD RAG-PICKER! HOO CAN YE NO' GET A DECENT SPORTS JACKET AN' FLANNELS, LIKE HEN?
FANCY PAW GAEIN' ABOOT IN THEY AULD FASHIONED CLAES!
WEEL, I TELT HIM NO TAE WEAR THEM, BUT HE SAID THEY WERE AS GUID AS NEW! HE WENT OOT WI' ME THE DAY, AN' I WIS BLACK AFFRONTED!
DINNA LET MAW KEN, BUT I'VE WON TWA POUNDS AFF MA FITBA' COUPON THIS WEEK!
OCH! PAW'S DAFT!
LATER
I KEN WHIT I'LL DAE, I'LL SELL THIS AULD JACKET! - I'LL LOOK IN THE POCKETS FIRST TAE SEE IF HE'S LEFT ANYTHING IN THEM- EH?- WHIT'S THAT YE SAY, DAPHNE?
SAY, MAW! MRS McGREGOR JUIST TELT ME THAT JOCK TAMSON TELT HER THAT PAW HAD WON TWO POUNDS WI' HIS FITBA' COUPON!
JINGS, MAW! YE'LL BE ABLE TAE BUY PAW A NEW SPORTS JACKET, NOW!
HAE YE ONY AULD CLAES, WIFIE, YE WANT TAE GET RID O'?
OH, AYE, SURE!- YE'RE THE VERY MAN!- I'LL GIE YE AN AULD JACKET AN' DRAIN-PIPE TROOSERS BELANGIN TAE MA MAN!
NOO WE'VE SELT PAW'S AULD JACKET, WE'LL GO IN AN' BUY HIM A NEW SPORTS JACKET AN' FLANNELS AFF THE TWA POUNDS HE'S WON!
OH HULLO, MAW!- I DIDNA TELL YE, BUT I WON TEN BOB AFF MA FITBA' COUPON, SO I BOCHT YE A BOX O' CHOCOLATES!
WHIT! YE AULD SCAMP!- TEN BOB!! DINNA KID ME! YE KEN FINE IT WIS TWA POUNDS YE WON!- AN' WHIT'S MAIR, I'VE BOCHT YE A NEW SPORTS JACKET AN' FLANNELS TAE WEAR, INSTEAD O' THAT AULD FASHIONED RIGGOUT YE'VE BEEN WEARIN' LATELY!
AN' YE'LL NO BE ABLE TAE WEAR THAT AULD JACKET AGAIN, BECAUSE I'VE SELT IT TAE AULD TAM RAMSAY THE RAG MAN!!
OOH!!
WHY, WHIT'S WRANG, PAW? YE SURELY DINNA WANT TAE KEEP THEY AULD CLAES?
WHAUR'S THAT RAG MAN! MA TWA POUNDS WIS IN THE POCKET O' THE JACKET!!
HA-HA-HA! LOOK AT HIM RINNIN' UP THERE LIKE A SCARED RABBIT,- BUT IT'S A'RICHT! I TOOK THE TWA POUNDS OOT'N THE AULD JACKET AFORE I SELT IT!

No Wonder Grandpaw's Face Is Red—
The "Boys" have Wrecked His Cabinet Bed!

All The Family Nearly Swoon—
The Monster Looks Like Granpaw Broon.

Paw Broon Tries To Mend A Leak.

He Gets His Porridge Through The Reek.

62

Paw Broon Starts To Tear His Hair—
He's Cut His Finger Awfu' Sair!

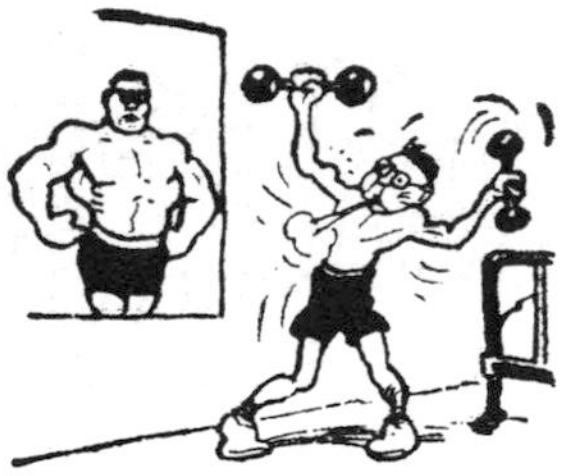

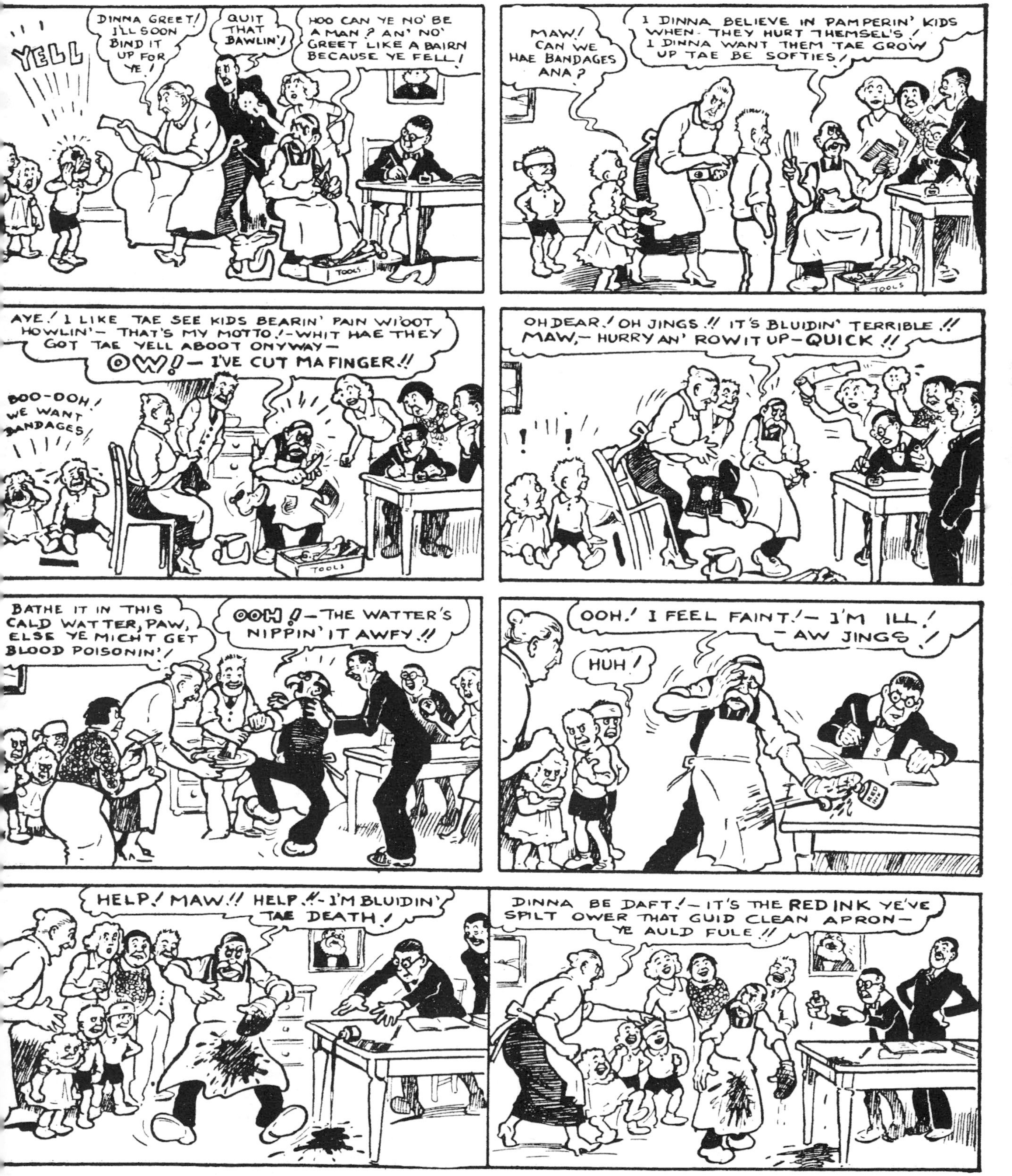

YELL
DINNA GREET! I'LL SOON BIND IT UP FOR YE!
QUIT THAT BAWLIN'!
HOO CAN YE NO' BE A MAN? AN' NO' GREET LIKE A BAIRN BECAUSE YE FELL!
TOOLS
MAW! CAN WE HAE BANDAGES ANA?
I DINNA BELIEVE IN PAMPERIN' KIDS WHEN THEY HURT THEMSEL'S! I DINNA WANT THEM TAE GROW UP TAE BE SOFTIES!
TOOLS
AYE! I LIKE TAE SEE KIDS BEARIN' PAIN WI'OOT HOWLIN'—THAT'S MY MOTTO!—WHIT HAE THEY GOT TAE YELL ABOOT ONYWAY—OW!—I'VE CUT MA FINGER!!
BOO-OOH! WE WANT BANDAGES!
TOOLS
OH DEAR! OH JINGS!! IT'S BLUIDIN' TERRIBLE!! MAW,—HURRY AN' ROW IT UP—QUICK!!
BATHE IT IN THIS CALD WATTER, PAW, ELSE YE MICHT GET BLOOD POISONIN'!
OOH!—THE WATTER'S NIPPIN' IT AWFY!!
OOH! I FEEL FAINT!—I'M ILL! —AW JINGS!
HUH!
HELP! MAW!! HELP!!—I'M BLUIDIN' TAE DEATH!
DINNA BE DAFT!—IT'S THE RED INK YE'VE SPILT OWER THAT GUID CLEAN APRON—YE AULD FULE!!

All the Broons To Help Are Willing—
But Poor Paw Finds Their Kindness Killing!

The Misses Smith All Think It's Awfy—
Their Teeth Are Stuck Wi' The Bairn's Toffee!

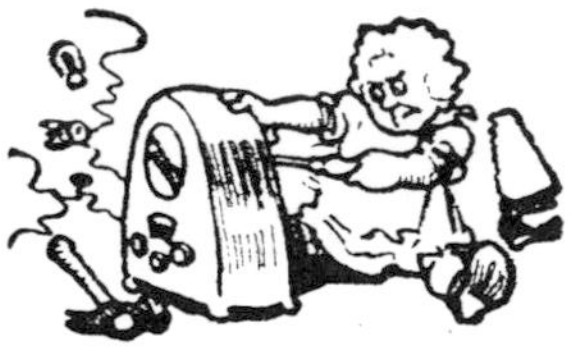

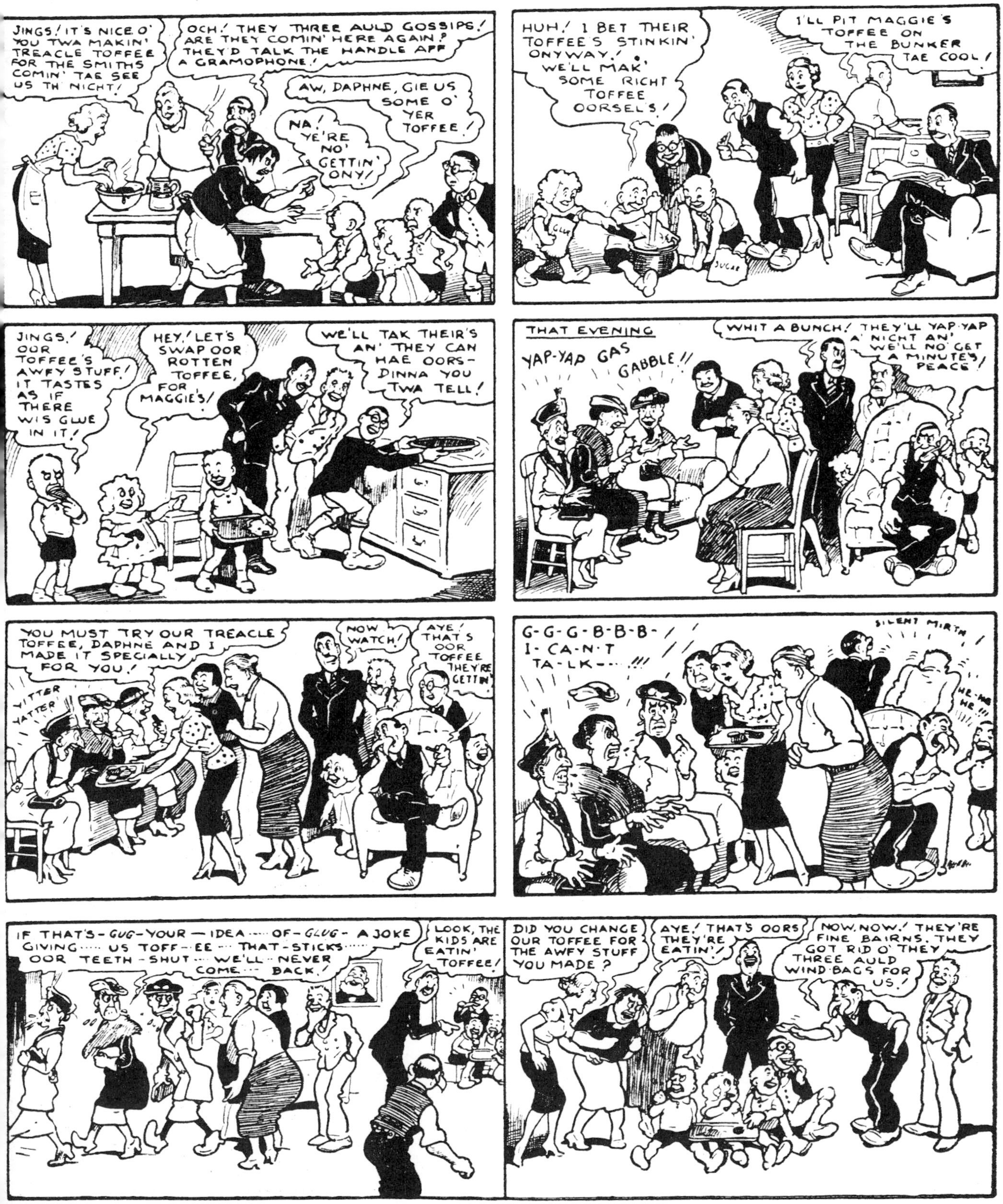

JINGS! IT'S NICE O' YOU TWA MAKIN' TREACLE TOFFEE FOR THE SMITHS COMIN' TAE SEE US TH NICHT!
OCH! THEY THREE AULD GOSSIPS! ARE THEY COMIN' HERE AGAIN? THEY'D TALK THE HANDLE AFF A GRAMOPHONE!
AW, DAPHNE, GIE US SOME O' YER TOFFEE!
NA! YE'RE NO' GETTIN' ONY!
HUH! I BET THEIR TOFFEE'S STINKIN' ONYWAY! WE'LL MAK' SOME RICHT TOFFEE OORSEL'S!
I'LL PIT MAGGIE'S TOFFEE ON THE BUNKER TAE COOL!
GLUE
SUGAR
JINGS! OUR TOFFEE'S AWFY STUFF! IT TASTES AS IF THERE WIS GLUE IN IT!
HEY! LET'S SWAP OOR ROTTEN TOFFEE FOR MAGGIE'S!
WE'LL TAK THEIR'S AN' THEY CAN HAE OORS— DINNA YOU TWA TELL!
THAT EVENING
YAP-YAP GAS
GABBLE!!
WHIT A BUNCH! THEY'LL YAP-YAP A' NICHT AN' WE'LL NO' GET A MINUTE'S PEACE!
YOU MUST TRY OUR TREACLE TOFFEE, DAPHNE AND I MADE IT SPECIALLY FOR YOU!
YITTER YATTER
NOW WATCH!
AYE! THAT'S OOR TOFFEE THEY'RE GETTIN'
G-G-G-B-B-B- I-CA-N-T TA-LK---!!!
SILENT MIRTH
HE-HE HE!!!
IF THAT'S-GUG-YOUR—IDEA----OF-GLUG-A JOKE GIVING---- US TOFF-EE--- THAT-STICKS---- OOR TEETH-SHUT--- WE'LL-NEVER COME--- BACK!
LOOK, THE KIDS ARE EATIN' TOFFEE!
DID YOU CHANGE OUR TOFFEE FOR THE AWFY STUFF YOU MADE?
AYE! THAT'S OORS THEY'RE EATIN'!
NOW, NOW! THEY'RE FINE BAIRNS. THEY GOT RID O' THEY THREE AULD WIND-BAGS FOR US!

The Family Is All Attention.

When Grandpaw " Clocks In " For His Pension!

Paw Gets Wound-Up,
And Ma Gets Wind-up.

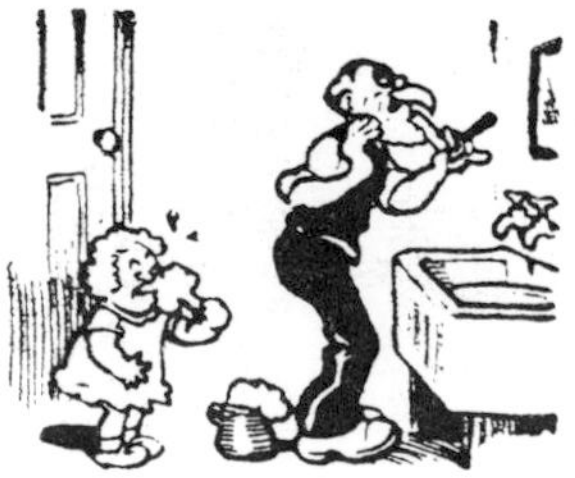

Here's The Bairn, The Poor Wee Stock Ill!

Nothin'll Cure Her But A "Geenbockle."

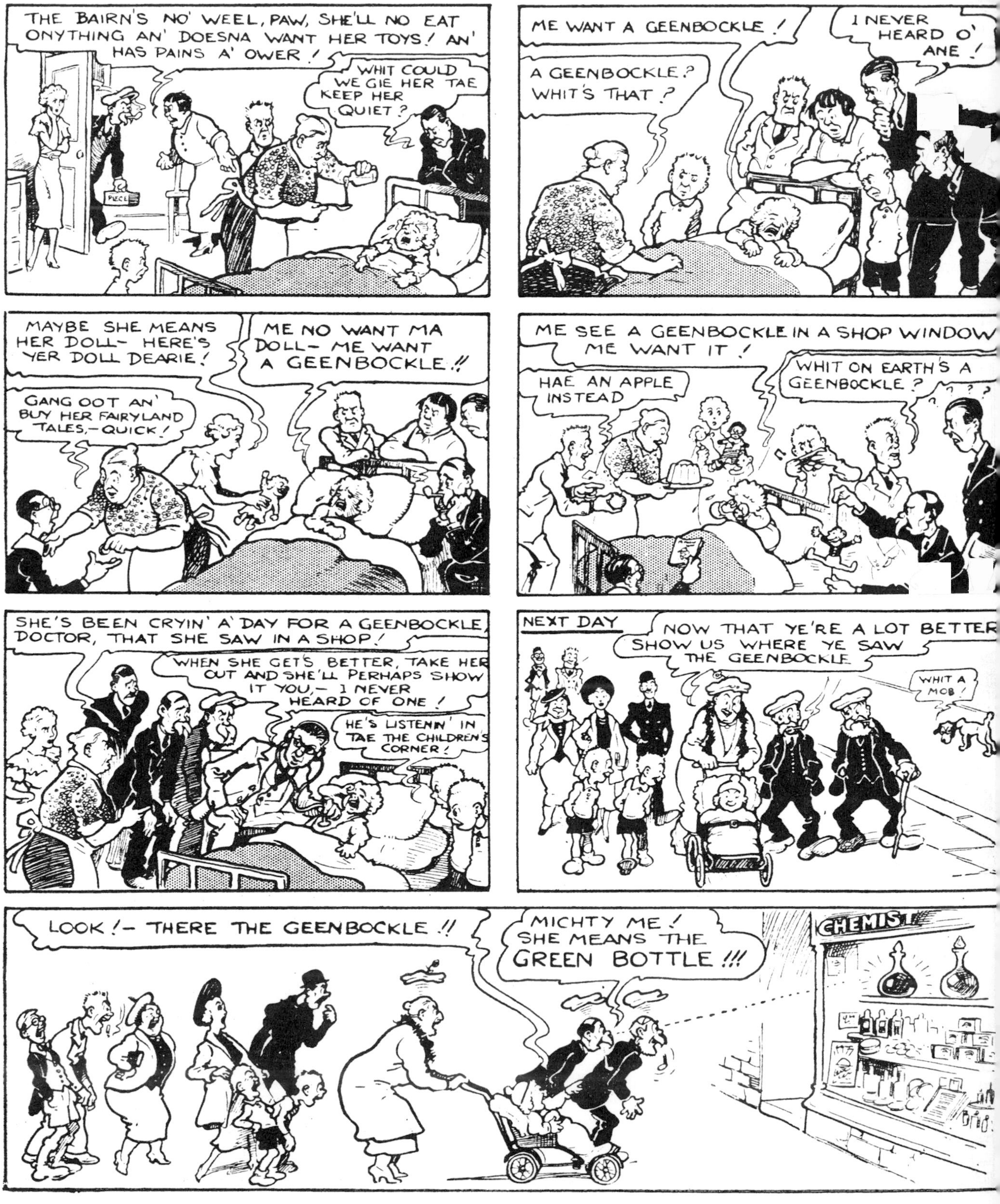

THE BAIRN'S NO' WEEL, PAW, SHE'LL NO EAT ONYTHING AN' DOESNA WANT HER TOYS! AN' HAS PAINS A' OWER!
WHIT COULD WE GIE HER TAE KEEP HER QUIET?
ME WANT A GEENBOCKLE!
I NEVER HEARD O' ANE!
A GEENBOCKLE? WHIT'S THAT?
MAYBE SHE MEANS HER DOLL— HERE'S YER DOLL DEARIE!
ME NO WANT MA DOLL— ME WANT A GEENBOCKLE!!
GANG OOT AN' BUY HER FAIRYLAND TALES,—QUICK!
ME SEE A GEENBOCKLE IN A SHOP WINDOW ME WANT IT!
HAE AN APPLE INSTEAD
WHIT ON EARTH'S A GEENBOCKLE? ? ? ?
SHE'S BEEN CRYIN' A' DAY FOR A GEENBOCKLE, DOCTOR, THAT SHE SAW IN A SHOP!
WHEN SHE GETS BETTER, TAKE HER OUT AND SHE'LL PERHAPS SHOW IT YOU,— I NEVER HEARD OF ONE!
HE'S LISTENIN' IN TAE THE CHILDREN'S CORNER!
NEXT DAY
NOW THAT YE'RE A LOT BETTER SHOW US WHERE YE SAW THE GEENBOCKLE
WHIT A MOB!
LOOK!— THERE THE GEENBOCKLE!!
MICHTY ME! SHE MEANS THE GREEN BOTTLE!!!
CHEMIST

The Broons Get " Bitten " By A Dog,
When Grandpaw Sells Them A Pup.

The Museum Isn't Historical—

It's Hysterical.

Every Picture Tells A Story,

And Every Broon Tells A "Picture."

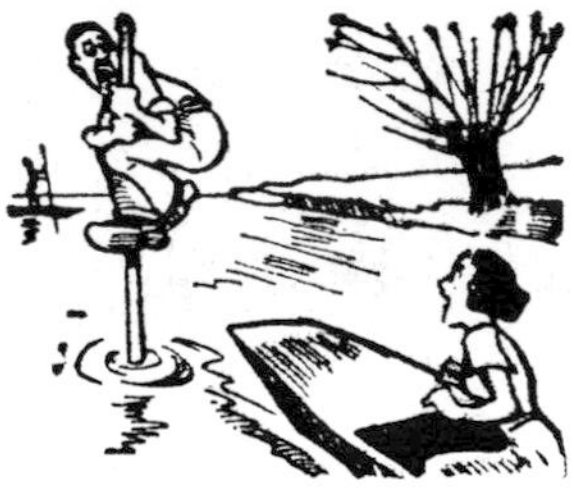

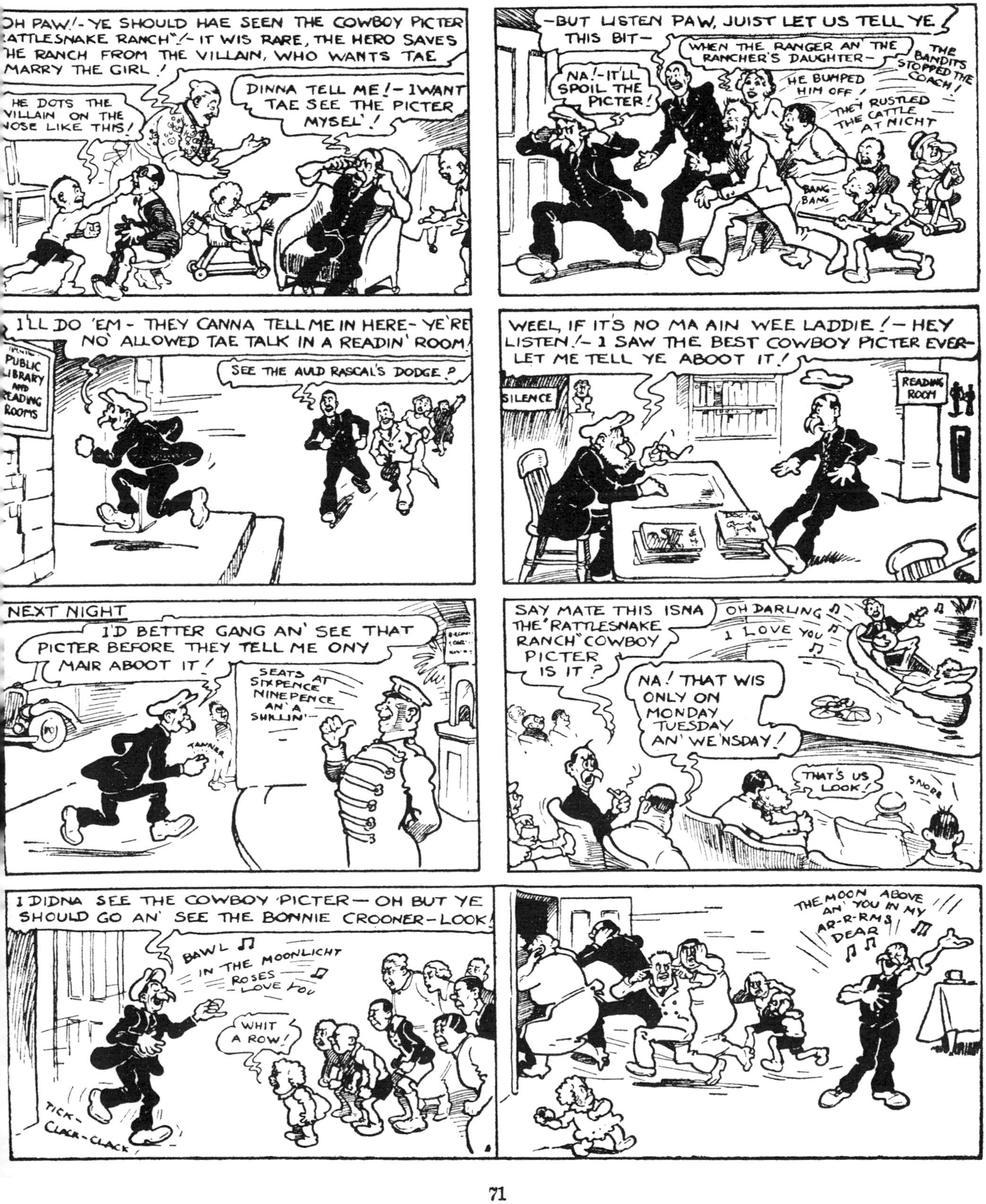
OH PAW! - YE SHOULD HAE SEEN THE COWBOY PICTER "RATTLESNAKE RANCH"! - IT WIS RARE, THE HERO SAVES THE RANCH FROM THE VILLAIN, WHO WANTS TAE MARRY THE GIRL!
HE DOTS THE VILLAIN ON THE NOSE LIKE THIS!
DINNA TELL ME! - I WANT TAE SEE THE PICTER MYSEL'!
-BUT LISTEN PAW, JUIST LET US TELL YE THIS BIT-
WHEN THE RANGER AN' THE RANCHER'S DAUGHTER-
NA! - IT'LL SPOIL THE PICTER!
THE BANDITS STOPPED THE COACH!
HE BUMPED HIM OFF!
THEY RUSTLED THE CATTLE AT NICHT
BANG BANG
I'LL DO 'EM - THEY CANNA TELL ME IN HERE - YE'RE NO' ALLOWED TAE TALK IN A READIN' ROOM!
PUBLIC LIBRARY AND READING ROOMS
SEE THE AULD RASCAL'S DODGE?
WEEL, IF IT'S NO MA AIN WEE LADDIE! - HEY LISTEN! - I SAW THE BEST COWBOY PICTER EVER - LET ME TELL YE ABOOT IT!
SILENCE
READING ROOM
NEXT NIGHT
I'D BETTER GANG AN' SEE THAT PICTER BEFORE THEY TELL ME ONY MAIR ABOOT IT!
SEATS AT SIXPENCE NINEPENCE AN' A SHILLIN'
TANNER
SAY MATE THIS ISNA THE 'RATTLESNAKE RANCH' COWBOY PICTER IS IT?
OH DARLING I LOVE YOU
NA! THAT WIS ONLY ON MONDAY TUESDAY AN' WE'NSDAY!
THAT'S US LOOK!
SNORE
I DIDNA SEE THE COWBOY PICTER - OH BUT YE SHOULD GO AN' SEE THE BONNIE CROONER - LOOK!
BAWL IN THE MOONLICHT ROSES LOVE YOU
WHIT A ROW!
TICK-CLACK-CLACK
THE MOON ABOVE AN' YOU IN MY AR-R-RMS DEAR

What's The Noise About?

"The Noise To End Noise," Says Paw.

Who Is The Boolin' Club's New Auditor?

Paw Or Horace?

Grandpaw Broon Thinks It A Shame
The Way They Played The Hielent Game.

The Broons' New Game—

"Hunt The Teapot."

When Miss Fortune-Teller Came To Tea,
Misfortunes Didn't Come Single-ee.

Black Cats For Luck—

But There's Nae Luck Aboot Oor Hoose.

There's Juist Biled Eggs And Buttered Toast.

They Thought They'd Get A Fine Hot Roast.

Blackmail At The Broons—
And Paw Gets The Worst Of It.

Mr Walker's No Footballer—
But He Scored Over The Broons.

The Broons Get Lost In A Fog—
But They're Never " Missed."

F

Paw Broon's Clever When Guests Come.

He Wishes He Was Just Plain Dumb!

He Laughs Best Who Laughs Last,
But The Bairn Laughs All The Time.

Horace's Firework

Makes The Fire Work.

Everyone Has Fish and Chips.

But Paw Has To Fish Out The Dibs!

Paw Broon Can't Believe His Eyes, When Joe Walks In With The "Prize."

Paw Broon Tells An Awful Whopper.

Soon He'll Come A Nasty Cropper.

There's A "Cat-And-Dog-Fight" At The Broons,
But Paw Collects The Winnings.

Rob Roy's Been Dead For Many Moons
But He's Still Raising Trouble At The Broons.

Paw Broon's Fitba' Days Are O'er—

He'll Play At "Keepy-Up" No More!

"The Dumplin' Won't Be Pinched," Says Maw.

She Didn't Reckon Wi' Crafty Paw!

Grandpaw Thought He'd Like To Box,

But Maw Broon Handed Out The " Socks."

Grandpaw Sells A Parrot,
And Paw Broon Gets The "Bird"!

HULLO! I'VE JUIST BEEN SWINDLED WI' THIS PARROT. THE MAN SAID IT COULD TALK—BUT IT'S DEAF AN' DUMB. I WIS JUIST THINKIN' O' TRYIN' TAE SELL IT TAE YER FAITHER.

SAY, GRAN'PAW! THAT'S A GREAT IDEA! WE'LL MAK IT SPEAK FOR YE. AN' IF PAW BUYS IT, WILL YE GIE US A TANNER EACH?

NOW I'LL GET UNDER YER COAT GRAN'PAW AN TALK LIKE A PARROT WHEN PAW COMES OOT!

I'LL HIDE DOON THE STAIR.

HULLO LADDIE! I'VE GOT A BARGAIN FOR YE. I'LL SELL YE THIS PARROT FOR FIVE BOB. LISTEN TAE HIM TALKIN'

PRETTY POLLY! POLLY CAN TALK, YOU BUY POLLY!

JINGS! THAT'S A WHOPPER O' A BIRD!

LOOK! I'VE JUIST BOCHT A TALKIN' PARROT AFF GRAN'PAW, CHEAP AT FIVE BOB. WAIT TILL YE HEAR IT TALK!

YE'LL HAE TAE DAE A BIT MORE TALKIN'!

LEAVE IT TAE ME, I'LL HAE A RARE JOKE ON PAW!

FANCY BUYIN' ONYTHING AFF YON AULD TWISTER! I BET IT'S A FRAUD!

WHIT CAN IT SAY?

PAW BROON!—I KEN WHIT YE ARE!—JUIST A BALDY HEEDED, RED NOSED, KNOCK-KNEED BANDY LEGGIT AULD NOODLE!

CAWR CAWR

AYE! AN' MAIR! IT WIS YOU THAT BROKE MAW'S NEW VASE, YE WENT TAE THE 'THREE ANCHORS' WI' YER PEY ON FRIDAY NICHT AN' TELT MAW THAT GRAN'PAW HAD KEPT YE TALKIN'—AN' GRANPAW SAYS MAW'S JUIST A BLETHER.

DINNA YOU DARE TAE BRING THAT PARROT BACK HERE!

I'LL GIE YE A BOB, PAW, IF YE'LL TAK YER PARROT BACK,—IT SAYS SUCH AWFY THINGS!

Paw Tried To Keep The Broons At Home
But Off They Go Again To Roam!

The Family All Think It's A Myst'ry
When Maw Gets Back Her Aspidistra.

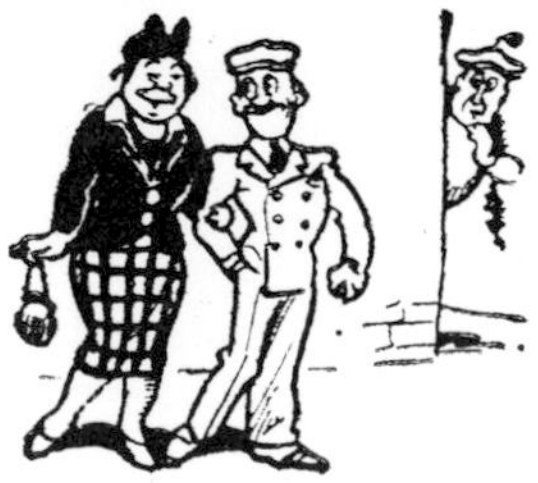

"Say It With Music" At The Broons'.

Paw "Ca's The Haun'le" And Produces The Tunes!

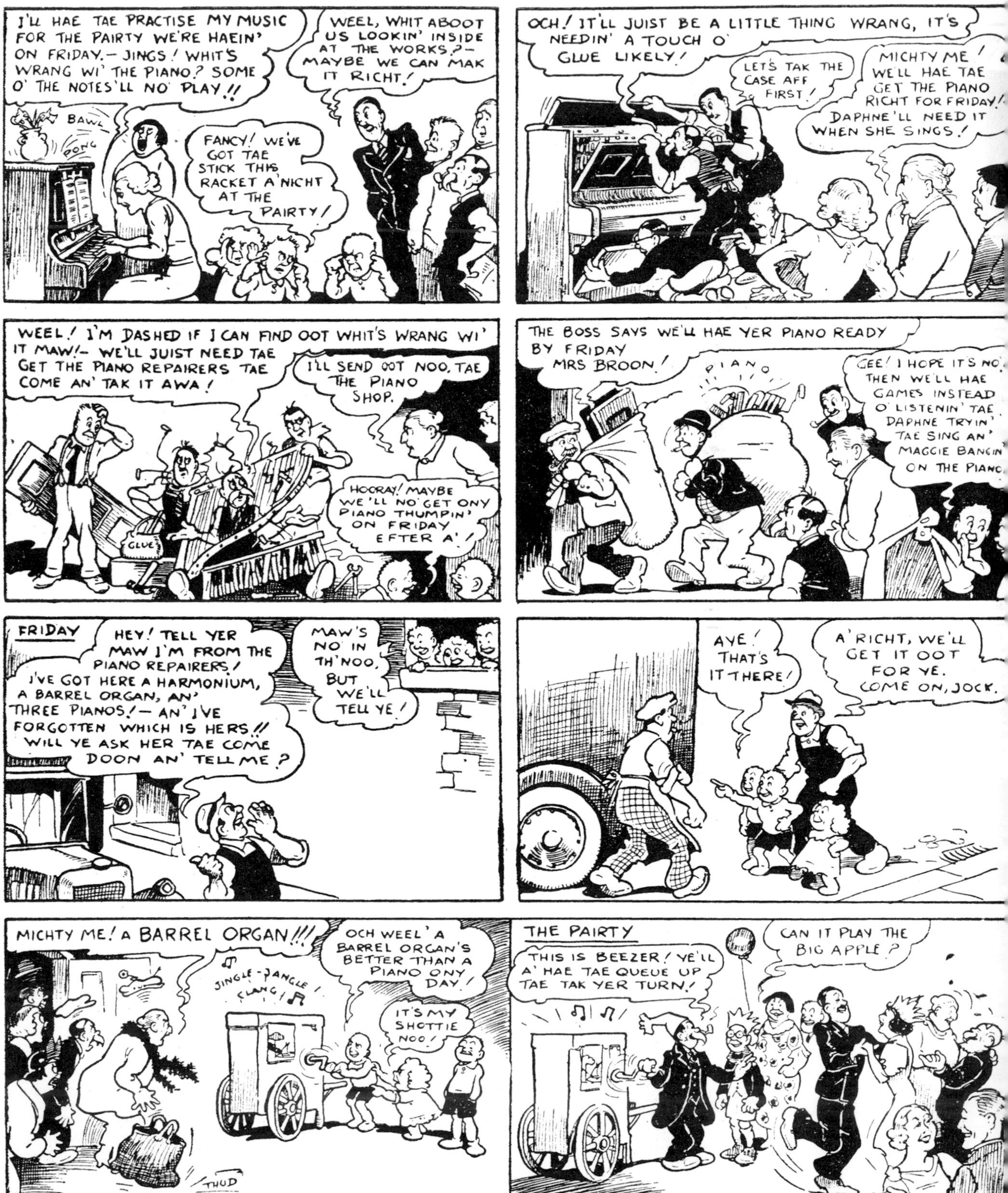

I'LL HAE TAE PRACTISE MY MUSIC FOR THE PAIRTY WE'RE HAEIN' ON FRIDAY.—JINGS! WHIT'S WRANG WI' THE PIANO? SOME O' THE NOTES'LL NO' PLAY!!
WEEL, WHIT ABOOT US LOOKIN' INSIDE AT THE WORKS?—MAYBE WE CAN MAK IT RICHT!
BAWL
PONG
FANCY! WE'VE GOT TAE STICK THIS RACKET A'NICHT AT THE PAIRTY!
OCH! IT'LL JUIST BE A LITTLE THING WRANG, IT'S NEEDIN' A TOUCH O' GLUE LIKELY!
LET'S TAK THE CASE AFF FIRST!
MICHTY ME! WE'LL HAE TAE GET THE PIANO RICHT FOR FRIDAY! DAPHNE'LL NEED IT WHEN SHE SINGS!
WEEL! I'M DASHED IF I CAN FIND OOT WHIT'S WRANG WI' IT MAW!—WE'LL JUIST NEED TAE GET THE PIANO REPAIRERS TAE COME AN' TAK IT AWA!
I'LL SEND OOT NOO, TAE THE PIANO SHOP.
HOORAY! MAYBE WE'LL NO' GET ONY PIANO THUMPIN' ON FRIDAY EFTER A'!
GLUE
THE BOSS SAYS WE'LL HAE YER PIANO READY BY FRIDAY MRS BROON!
PIANO
GEE! I HOPE IT'S NO, THEN WE'LL HAE GAMES INSTEAD O' LISTENIN' TAE DAPHNE TRYIN' TAE SING AN' MAGGIE BANGIN ON THE PIANO
FRIDAY
HEY! TELL YER MAW I'M FROM THE PIANO REPAIRERS! I'VE GOT HERE A HARMONIUM, A BARREL ORGAN, AN' THREE PIANOS!—AN' I'VE FORGOTTEN WHICH IS HERS!! WILL YE ASK HER TAE COME DOON AN' TELL ME?
MAW'S NO' IN TH'NOO, BUT WE'LL TELL YE!
AYE! THAT'S IT THERE!
A'RICHT, WE'LL GET IT OOT FOR YE. COME ON, JOCK.
MICHTY ME! A BARREL ORGAN!!!
OCH WEEL' A BARREL ORGAN'S BETTER THAN A PIANO ONY DAY!
JINGLE-JANGLE!
CLANG!
IT'S MY SHOTTIE NOO!
THUD
THE PAIRTY
THIS IS BEEZER! YE'LL A' HAE TAE QUEUE UP TAE TAK YER TURN!
CAN IT PLAY THE BIG APPLE?

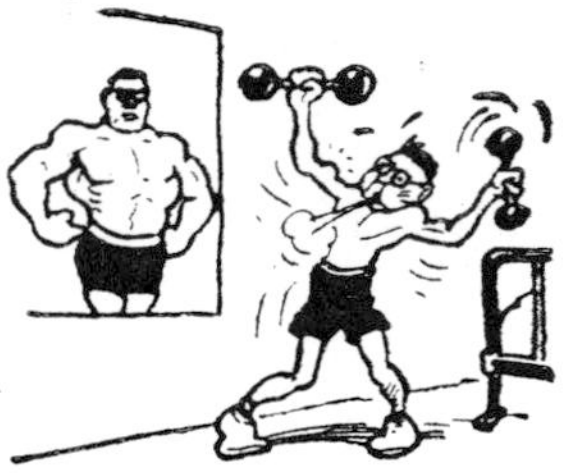

"Where Are The Boys Of The Old Brigade?"

Under The Table, Paw! Who's Afraid?

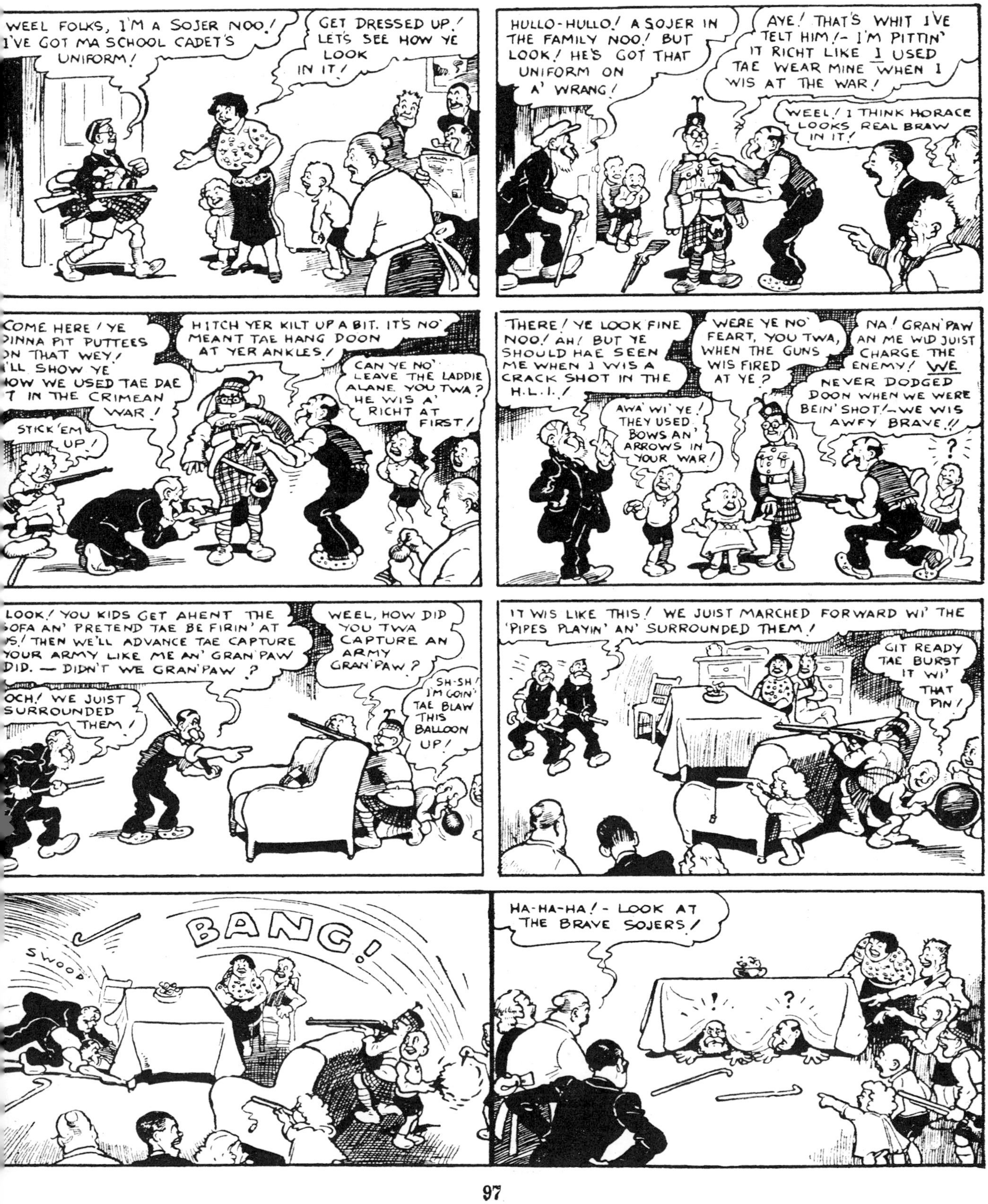

WEEL FOLKS, I'M A SOJER NOO! I'VE GOT MA SCHOOL CADET'S UNIFORM!
GET DRESSED UP! LET'S SEE HOW YE LOOK IN IT!
HULLO-HULLO! A SOJER IN THE FAMILY NOO! BUT LOOK! HE'S GOT THAT UNIFORM ON A' WRANG!
AYE! THAT'S WHIT I'VE TELT HIM!—I'M PITTIN' IT RICHT LIKE I USED TAE WEAR MINE WHEN I WIS AT THE WAR!
WEEL! I THINK HORACE LOOKS REAL BRAW IN IT!
COME HERE! YE DINNA PIT PUTTEES ON THAT WEY! I'LL SHOW YE HOW WE USED TAE DAE IT IN THE CRIMEAN WAR!
HITCH YER KILT UP A BIT. IT'S NO' MEANT TAE HANG DOON AT YER ANKLES!
CAN YE NO' LEAVE THE LADDIE ALANE, YOU TWA? HE WIS A' RICHT AT FIRST!
STICK 'EM UP!
THERE! YE LOOK FINE NOO! AH! BUT YE SHOULD HAE SEEN ME WHEN I WIS A CRACK SHOT IN THE H.L.I.!
WERE YE NO' FEART, YOU TWA, WHEN THE GUNS WIS FIRED AT YE?
NA! GRAN'PAW AN ME WID JUIST CHARGE THE ENEMY! WE NEVER DODGED DOON WHEN WE WERE BEIN' SHOT!—WE WIS AWFY BRAVE!!
AWA' WI' YE! THEY USED BOWS AN' ARROWS IN YOUR WAR!
?
LOOK! YOU KIDS GET AHENT THE SOFA AN' PRETEND TAE BE FIRIN' AT US! THEN WE'LL ADVANCE TAE CAPTURE YOUR ARMY LIKE ME AN' GRAN'PAW DID.—DIDN'T WE GRAN'PAW?
WEEL, HOW DID YOU TWA CAPTURE AN ARMY GRAN'PAW?
OCH! WE JUIST SURROUNDED THEM!
SH-SH! I'M GOIN' TAE BLAW THIS BALLOON UP!
IT WIS LIKE THIS! WE JUIST MARCHED FORWARD WI' THE 'PIPES PLAYIN' AN' SURROUNDED THEM!
GIT READY TAE BURST IT WI' THAT PIN!
BANG!
SWOOP
HA-HA-HA!—LOOK AT THE BRAVE SOJERS!
! ?

G

Darts Is Paw Broon's Latest Hobby—
Until He Nearly Kills The Bobby!

There's No Place Like Home—
Especially When The Broons Go Abroad.

The Broons Got A Bargain, As You See.
But Their Bedroom Was A Trifle Wee!

The Broons' Week Of Washing The Stair
Was A Fair Wash-Out, Hear Paw Declare.

Grandpaw's Knocking At The Knees—
His Cat's Ower Fond O' Eatin' Cheese!

"Neither A Borrower Nor A Lender Be" —
But Shakespeare Never Had Friends For Tea!

The Broons Keep Fit —
And The Neighbours Have Fits!

"By Gum, We're Stuck!" The Broons All Cry.
They'll Get Their Masks Off By-And-By!

Aunt Jessie's Gifts Were For Canada,
But The Broons Have Put Them A' Awa'.

What Is A Somnambulist?
Paw Broon On A Night-Out!

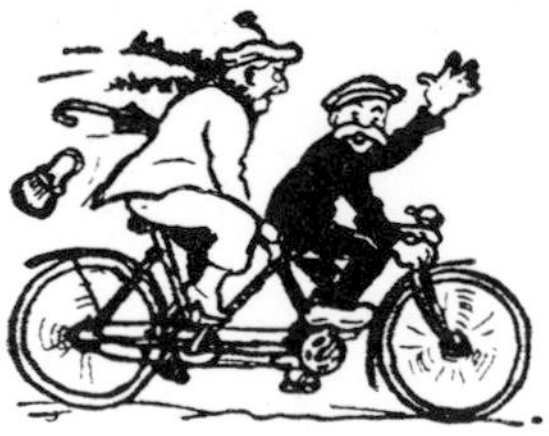

Twenty-Five Years They've Been Thegither,
And Still In Love Wi' Ane Anither!

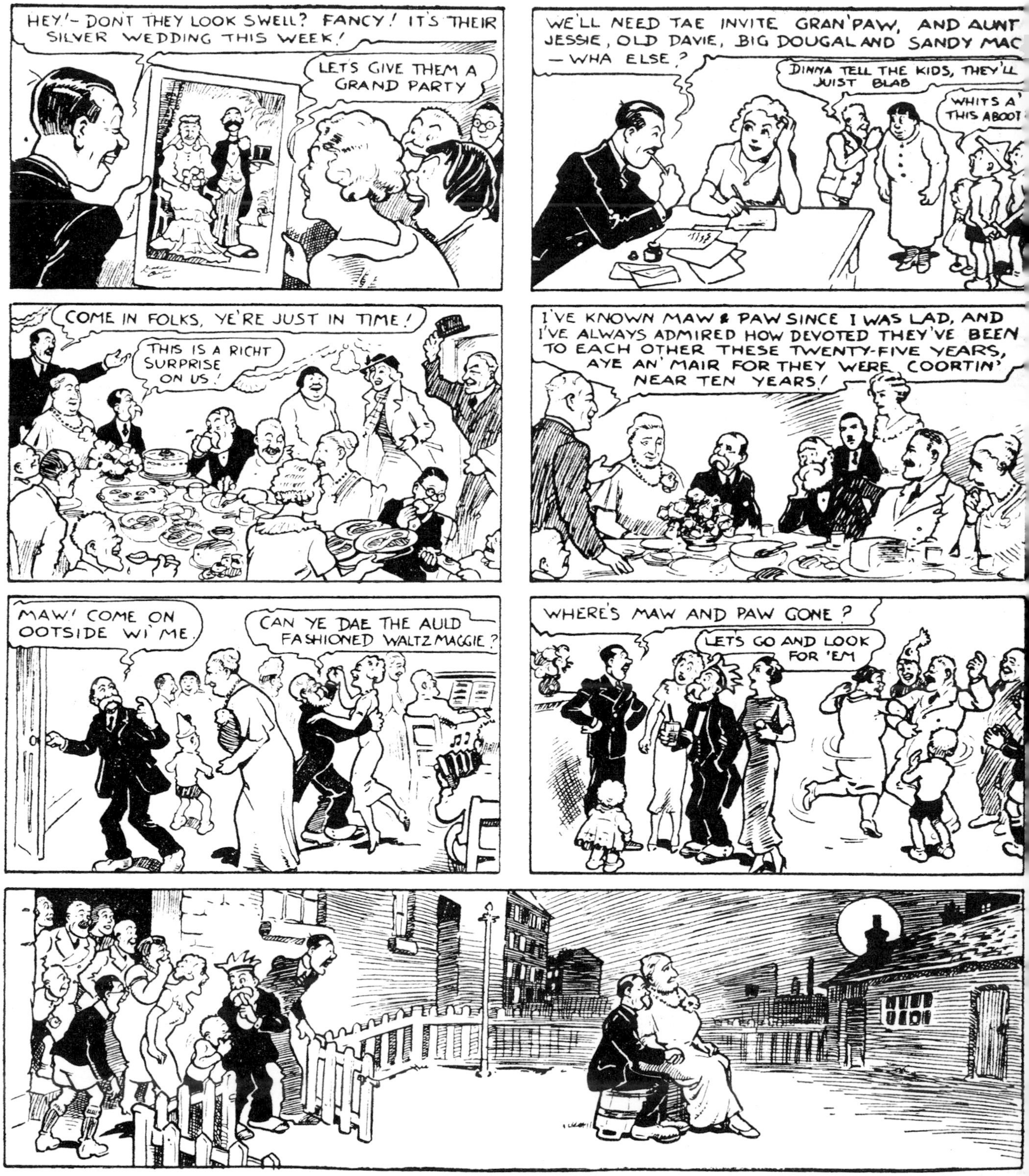

HEY!– DONT THEY LOOK SWELL? FANCY! IT'S THEIR SILVER WEDDING THIS WEEK!
LET'S GIVE THEM A GRAND PARTY
WE'LL NEED TAE INVITE GRAN'PAW, AND AUNT JESSIE, OLD DAVIE, BIG DOUGAL AND SANDY MAC —WHA ELSE?
DINNA TELL THE KIDS, THEY'LL JUIST BLAB
WHITS A' THIS ABOOT
COME IN FOLKS, YE'RE JUST IN TIME!
THIS IS A RICHT SURPRISE ON US!
I'VE KNOWN MAW & PAW SINCE I WAS LAD, AND I'VE ALWAYS ADMIRED HOW DEVOTED THEY'VE BEEN TO EACH OTHER THESE TWENTY-FIVE YEARS, AYE AN' MAIR FOR THEY WERE COORTIN' NEAR TEN YEARS!
MAW! COME ON OOTSIDE WI' ME.
CAN YE DAE THE AULD FASHIONED WALTZ MAGGIE?
WHERE'S MAW AND PAW GONE?
LET'S GO AND LOOK FOR 'EM

Paw Broon's "Come-Back."

Maw Gives The Half-Backs A Set-Back.

The Broons Are Feeling A Trifle Ill.
The Twins Made Supper A Mixed Grill.

Paw Broon's Great And Secret Dream —
To Swim In A Sea Of Best Ice-Cream!

Paw And Grandpaw At A Party —
No Wonder Things Went Good And Hearty!

Fun For Every Lad And Lass —

Join The Broons' Great Keep-Fit Class!

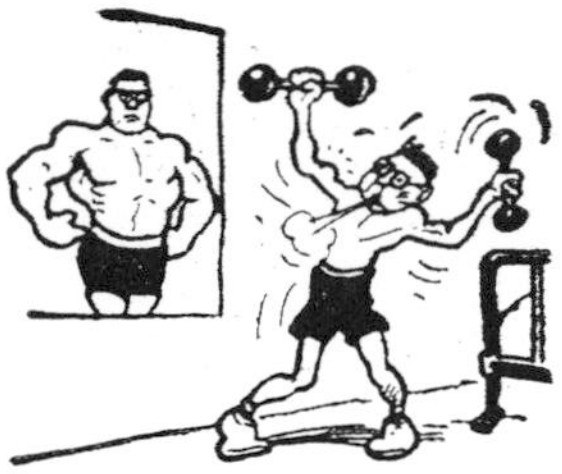

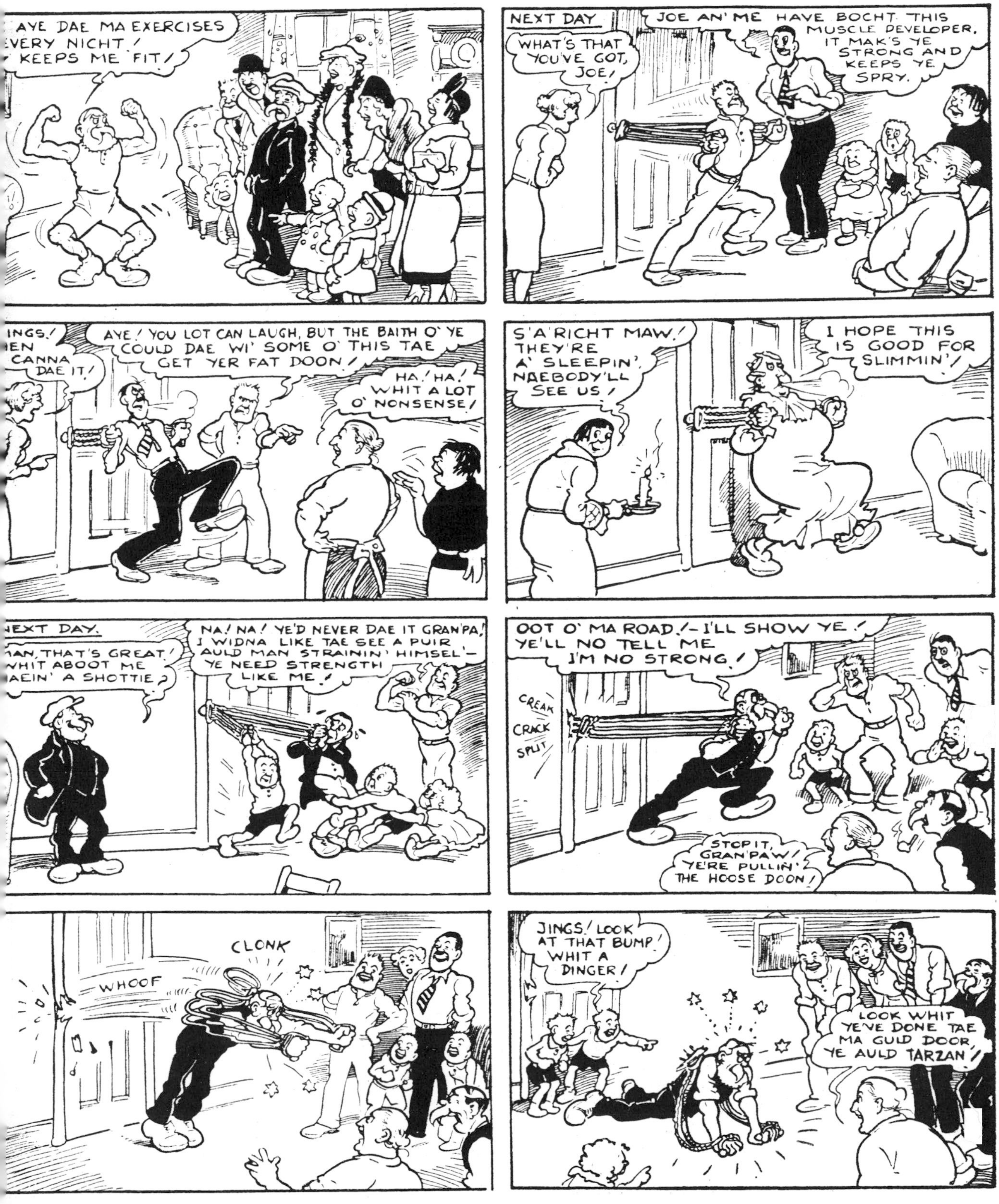
AYE DAE MA EXERCISES
VERY NICHT!
KEEPS ME FIT!
NEXT DAY
WHAT'S THAT YOU'VE GOT, JOE!
JOE AN' ME HAVE BOCHT THIS MUSCLE DEVELOPER. IT MAK'S YE STRONG AND KEEPS YE SPRY.
INGS!
IEN
CANNA DAE IT!
AYE! YOU LOT CAN LAUGH, BUT THE BAITH O' YE COULD DAE WI' SOME O' THIS TAE GET YER FAT DOON!
HA! HA! WHIT A LOT O' NONSENSE!
S'A'RICHT MAW! THEY'RE A' SLEEPIN'. NAEBODY'LL SEE US!
I HOPE THIS IS GOOD FOR SLIMMIN'!
NEXT DAY.
MAN, THAT'S GREAT!
WHIT ABOOT ME
AEIN' A SHOTTIE?
NA! NA! YE'D NEVER DAE IT GRAN'PA! I WIDNA LIKE TAE SEE A PUIR AULD MAN STRAININ' HIMSEL'— YE NEED STRENGTH LIKE ME!
OOT O' MA ROAD!— I'LL SHOW YE! YE'LL NO TELL ME I'M NO STRONG!
CREAK
CRACK
SPLIT
STOP IT, GRAN'PAW! YE'RE PULLIN' THE HOOSE DOON!
CLONK
WHOOF
JINGS! LOOK AT THAT BUMP! WHIT A DINGER!
LOOK WHIT YE'VE DONE TAE MA GUID DOOR, YE AULD TARZAN!

H

The News Is All Around The Toon—
Love Has Come To Horace Broon!

Paw Broon Causes A Sensation, When He Says His Recitation.

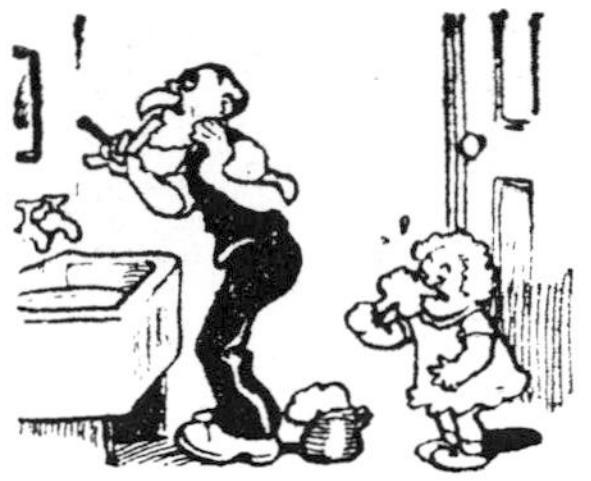

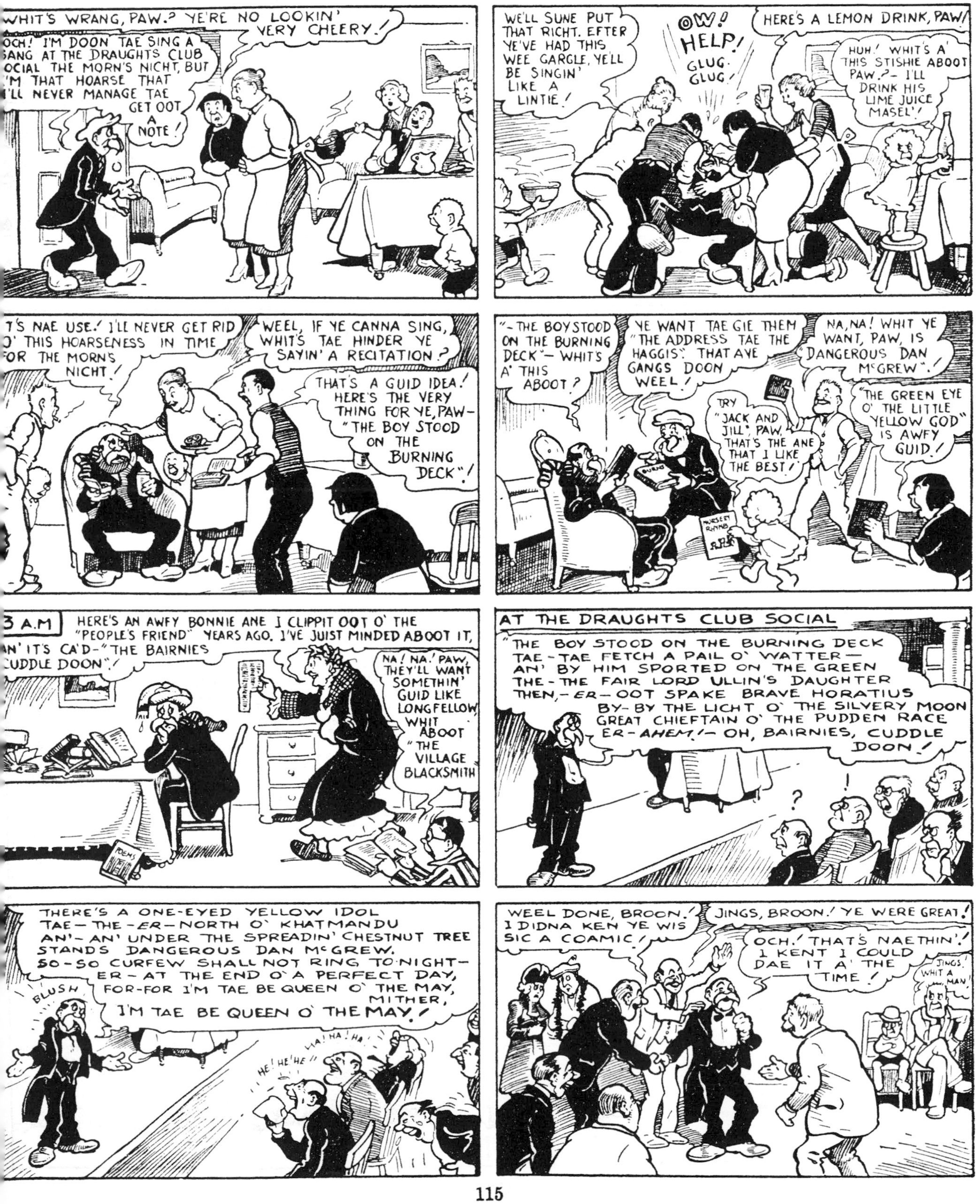

WHIT'S WRANG, PAW.? YE'RE NO LOOKIN' VERY CHEERY!
OCH! I'M DOON TAE SING A SANG AT THE DRAUGHTS CLUB SOCIAL THE MORN'S NICHT, BUT I'M THAT HOARSE THAT I'LL NEVER MANAGE TAE GET OOT A NOTE!
WE'LL SUNE PUT THAT RICHT. EFTER YE'VE HAD THIS WEE GARGLE, YE'LL BE SINGIN' LIKE A LINTIE!
OW! HELP! GLUG. GLUG!
HERE'S A LEMON DRINK, PAW!
HUH! WHIT'S A' THIS STISHIE ABOOT PAW.?– I'LL DRINK HIS LIME JUICE MASEL'!
IT'S NAE USE! I'LL NEVER GET RID O' THIS HOARSENESS IN TIME FOR THE MORN'S NICHT!
WEEL, IF YE CANNA SING, WHIT'S TAE HINDER YE SAYIN' A RECITATION?
THAT'S A GUID IDEA! HERE'S THE VERY THING FOR YE, PAW– "THE BOY STOOD ON THE BURNING DECK"!
"–THE BOY STOOD ON THE BURNING DECK"– WHIT'S A' THIS ABOOT?
YE WANT TAE GIE THEM "THE ADDRESS TAE THE HAGGIS" THAT AYE GANGS DOON WEEL!
NA, NA! WHIT YE WANT, PAW, IS "DANGEROUS DAN McGREW"!
TRY "JACK AND JILL," PAW, THAT'S THE ANE THAT I LIKE THE BEST!
"THE GREEN EYE O' THE LITTLE YELLOW GOD" IS AWFY GUID!
BURNS
NURSERY RHYMES
3 A.M
HERE'S AN AWFY BONNIE ANE I CLIPPIT OOT O' THE "PEOPLE'S FRIEND" YEARS AGO. I'VE JUIST MINDED ABOOT IT, AN' IT'S CA'D– "THE BAIRNIES CUDDLE DOON"!
NA! NA! PAW, THEY'LL WANT SOMETHIN' GUID LIKE LONGFELLOW, WHIT ABOOT "THE VILLAGE BLACKSMITH"
POEMS
AT THE DRAUGHTS CLUB SOCIAL
"THE BOY STOOD ON THE BURNING DECK TAE–TAE FETCH A PAIL O' WATTER– AN' BY HIM SPORTED ON THE GREEN THE–THE FAIR LORD ULLIN'S DAUGHTER THEN,–ER–OOT SPAKE BRAVE HORATIUS BY–BY THE LICHT O' THE SILVERY MOON GREAT CHIEFTAIN O' THE PUDDEN RACE ER–AHEM!– OH, BAIRNIES, CUDDLE DOON!
THERE'S A ONE-EYED YELLOW IDOL TAE–THE–ER–NORTH O' KHATMANDU AN'–AN' UNDER THE SPREADIN' CHESTNUT TREE STANDS DANGEROUS DAN McGREW. SO–SO CURFEW SHALL NOT RING TO-NIGHT– ER–AT THE END O' A PERFECT DAY, FOR–FOR I'M TAE BE QUEEN O' THE MAY, MITHER, I'M TAE BE QUEEN O' THE MAY!
BLUSH
HE! HE! HE!
HA! HA! HA!
WEEL DONE, BROON! I DIDNA KEN YE WIS SIC A COAMIC!
JINGS, BROON! YE WERE GREAT!
OCH! THAT'S NAETHIN'! I KENT I COULD DAE IT A' THE TIME!
JINGS! WHIT A MAN!

Poor Paw Broon Is Going To Nail
His Pockets Up For Next Year's Sale!

There's Many A Slip—
Poor Paw's Got The Pip.

117

Switch Off That Red-Hot Swing Rhythm—
Paw Broon's Brought The Pipers With Him!

118

To Play Badminton The Family's Itchin'.
Look! They're At It In The Kitchen.

One Good Turn Deserves Another.

Paw Should Have Saved Himself The Bother.

When The Broons Haud Hallowe'en,
What A Hoose Maw Has Tae Clean!

The Broons Stage An "At Home."
That Isn't On The Programme.

If You Would Not Be " On The Rocks,"

Don't Save In The Bairn's Money-Box.

WHIT ABOOT US ALL STARTIN' A XMAS CLUB AMONGST OORSEL'S? SO'S WE CAN HAE A BRAW TIME AT CHRISTMAS AND THE NEW YEAR.

JOIN OUR XMAS CLUB

HERE'S THE TWINS' MONEY BOX, IT'LL DO FINE TAE KEEP THE CLUB MONEY IN.

I THINK THE XMAS CLUB'S A VERY GUID IDEA PAW!

AYE! I THOCHT O' IT MYSEL'.

I'VE WRITTEN DOON HOW MUCH YE'VE A' PIT IN TAE START WI'— PAW, FIVE BOB, MAW— THREE BOB, HEN— FIVE BOB, JOE— TWO BOB, MAGGIE— HALF A DOLLAR, DAPHNE— ONE AN' A TANNER, ME— SIXPENCE. THE TWINS AN' THE BAIRN WINNA BE IN THIS.

AWA WI' YE, YE ONLY PIT FOUR PENCE IN YERSEL'.

CELTIC LOST, AWA FRAE HAME !?!!

WE'LL KEEP THE BOX ON THE DRESSER SO YE'LL A' KEN WHERE IT IS!

HOW D'YE LIKE MA NEW HAT?

O.K. MAW!

HEY! HERE'S OOR MONEY BOX! AND WE'VE SOMETHING IN IT TOO!

GIE US SOME AULD SCOTS' SANGS MAGGIE!

CLINK

I'D FORGOTTEN A' ABOOT IT

SEE HOW MUCH THERE IS IN, THEN WE CAN GO AN' BUY LOTS O' THINGS

LOOK WHIT WE'VE BOUGHT WI' THE MONEY WE'VE SAVED IN OOR AULD MONEY BOX!

BANG

SWEETS

WHAT! THAT'S THE BOX WE PIT THE XMAS CLUB MONEY IN !

Paw's Got A Motto—
But He Can't Make "Maw Toe" The Line!

The Broons Bought Tickets By The Scores.
Says Maw: "It Ne'er Rains But It Pours!"

Whaur's The Broons? Wait Till Ye See 'Em!
They're All Locked Up In The Town Museum!

The Broons Wish You All
As Merry A Christmas As They Got!

The Broon Family Wish Every Family
A GUID NEW YEAR!

Printed and Published in Great Britain by D. C. Thomson & Co., Ltd., London, Manchester, and Dundee.